未讀 ADR | 思想家

WHAT WE
DID IN BED?

[英] 布莱恩·费根
[英] 纳迪亚·杜兰尼 著
吴亚敏 译

床的人类史

从卧室窥见
人类变迁

A
HORIZONTAL
HISTORY

BRIAN FAGAN   NADIA DURRANI

贵州出版集团
贵州人民出版社

床的人类史：从卧室窥见人类变迁

[英] 布莱恩·费根 [英] 纳迪亚·杜兰尼 著
吴亚敏 译

图书在版编目 (CIP) 数据

床的人类史：从卧室窥见人类变迁 / (英) 布莱恩·
费根，(英) 纳迪亚·杜兰尼著；吴亚敏译. — 贵阳：
贵州人民出版社，2020.6
ISBN 978-7-221-15960-1

Ⅰ. ①床… Ⅱ. ①布… ②纳… ③吴… Ⅲ. ①生活—
历史—世界 Ⅳ. ①C913.31-091

中国版本图书馆 CIP 数据核字 (2020) 第 009600 号

What We Did in Bed: A Horizontal History

by Brian Fagan & Nadia Durrani

著作权合同登记号 图字：22-2019-41 号

选题策划	联合天际·王微	
责任编辑	程林骁	
特约编辑	宁书玉	
封面设计	吾然设计工作室	
美术编辑	梁全新	

出　版	贵州出版集团　贵州人民出版社
发　行	未读（天津）文化传媒有限公司
地　址	贵州省贵阳市观山湖区会展东路 SOHO 公寓 A 座
邮　编	550081
电　话	0851-86820345
网　址	http://www.gzpg.com.cn
印　刷	北京联兴盛业印刷股份有限公司
经　销	新华书店
开　本	880 毫米 ×1230 毫米　1/32　7 印张
版　次	2020 年 6 月第 1 版　2020 年 6 月第 1 次印刷
ISBN	978-7-221-15960-1
定　价	58.00 元

关注未读好书

未读 CLUB
会员服务平台

献给马特

《我的床》，翠西·艾敏，伦敦泰特现代美术馆，1999 年展出

目　录

引　言

　　喜剧演员格劳乔·马克斯曾开玩笑说："任何不能在床上做的事，根本不值得去做。"也许他说的没错，因为几乎人类做过的一切事，确实都曾发生在床上。对古埃及人而言，床是连接今生与来世的重要纽带；在莎士比亚时代，床是欢愉的社交场所；在第二次世界大战期间，温斯顿·丘吉尔曾在床上治理国政。

　　然而，在今天，这张"床"已经被人们推进了阴暗的角落。睡眠理疗师告诉我们，床应该且只能用来睡觉或者亲热。也许，正是由于如今床所具备的这种"私密"属性，多数现代历史学家和考古学家往往都忽略了它的真实作用。令人惊讶的是，很少有人专门作文或著书来探索床的历史，探讨床在我们人类的生活中扮演的不同角色。无论如何，我们人类一生中仍有三分之一的时间是在床上度过的，它有各种令人回味的故事值得我们讲述。我们的祖先在床上所做的事涵盖了从受孕到死亡的一切。考虑到写这样一本书会出现的无限可能性，我们决定以"床"为线索，扩展出一系列主题，摘选发生在床上的动人故事，讲述成一段全新的、横向的历史。

　　性、生、死、食、治、谋、恐、梦 —— 卧室这座剧场为艺术家提供了丰富的灵感。在中世纪的欧洲，有一种艺术主题曾反复出现：三位智者赤身卧躺在同一张床上，接受上天的祝福。18世纪，许多文雅的男性艺术家更喜欢将创作焦点转向那些疲倦地躺在凌乱床单中的赤裸女性，她们或许正无助地面对狂暴的敌人或野兽的侵袭，就像亨利·富塞利的《梦魇》（1781年）中的少女。1787年，法国艺术家雅克-路易·大卫描绘了苏格拉底临终之际的场景，画中那位70岁的哲学家肌肉饱满、生气勃勃——他是法国大革命前夕坚定地反抗不公正权威的典型化身。再后来，还有关于无人空床的图像，比如为我们所熟知的梵高的《在阿尔的艺术家卧室》（1888年）中那张覆盖着猩红色被子的木床，以及罗伯特·劳森伯格的《床》（1955年）——他在自己的被子上涂上了指甲油、牙膏和颜料。更近一些的作品是装置艺术家盐田千春创作的以床为主题的复杂而近乎超凡脱俗的《在沉睡间》（2002年）。作品中，身着白色睡衣的女人们在医院的病床上沉睡着，女性疾病的象征、虚弱的表现和神话的理念在这里被糅合在一起。

在与床有关的作品中，最著名的或许是英国艺术家翠西·艾敏的《我的床》（1998年）。借助某个瞬间的灵感，艾敏将她自己与男伴分手后的床铺真实地展示出来。这张凌乱的床上随意地扔着沾染经血的内衣、空酒瓶、烟头和用过的安全套。《我的床》招致了各种非议，不仅因为人们质疑它能否算作真正的"艺术品"，还因为在当今时代，"床"被视作极度私密的地方，不应该在文明社会中讨论，更不应该暴露出来。但这种观点也是最近才出现的。历史学家卡罗尔·沙玛斯曾戏谑地把近代早期形容为"床的时代"，那时的床一般都被陈列在主要的房间中，以便所有人都能看到，因为它可能是这家人最值钱、最值得炫耀的家当。但是，我们对床的痴迷，还可以追溯到更久远的年代。

我们不知道人类祖先最早使用的床是什么样的。他们生活在四处游荡着饥肠辘辘的捕食者的非洲腹地，起先睡在树上。随着时间的推移，他们学会躲进足以遮风挡雨的岩石下面或是可以当作开放式营地的洞穴里，在明亮的火堆前缩紧身体，相互依偎而眠。可我们的祖先如何在夜里保护自己免受野兽伤害呢？他们学会了用火。火不仅提供了温暖和熟食，还保护了他们休息的场所，让他们能在夜里安心聚集，酣睡无忧。在大型猛兽夜夜捕食的原始世界中，火给予了他们光明和安慰。我们可以想象，一支狩猎队围坐在燃烧的火堆边，火焰在黑暗中舞动。有时候，野兽的眼睛会在幽暗中闪烁，它们伺机而动，追寻着猎物，或是捡食人类丢弃在远离火堆处的残羹剩饭。当夜幕降临，人类的生活范围就仅限于火堆旁和作为庇护所的岩石下了。

已知最古老的"床"是从南非的一个洞穴中发掘出来的。7.7万年前，一批现代人（morden humans）在洞穴的地面上挖出了这些床。碰巧，在古日耳曼语词根中，"床（bed）"的意思正是"从土地中挖掘出的休息之地"。这个定义简直再贴切不过了，不仅因为它形象地描述出最早的床是被挖出来的，还因为它点明了床的性质 —— 一个一直用来休息的地方，尽管它的实际用途要广泛得多。

在温暖舒适的现代房屋里，我们早已忘记人类的祖先在自然环境中是多么脆弱，但对于人们睡觉的方式和场所而言，感到温暖、得到保护总是至关重要的。在0摄氏度以下的气候中，比如冰河时代晚期或是200年前加拿大的北极圈内地带，人们会在气温骤降、白昼缩短的日子里把自己裹进厚厚的皮毛，在床上缩成一团。4000多年前的冬天，在加拿大巴芬岛的冰屋里睡觉的人们必须在半睡半醒的状态下熬过几个月的漫长极夜。他们挤在一起，蜷缩在又厚又暖和的麝牛皮下面，食物和燃料就放在他们伸手可得的地方。

直到今天，世界上仍然有数以百万计的人睡觉时裹着毯子和毛皮，或干脆和衣睡在土地、水泥地或是木地板上。但随着五千年前人类文明的兴起，床的高度，尤其是精英阶层的床的高度逐渐上升。在古埃及，干燥的气候使当时的床榻得以留存。在大约公元前 14 世纪中叶的图坦卡蒙时代，床的基本设计（就像我们知道的那样）已经比较完善了，尽管放置枕头的那一端稍高一些，并且还配有防止熟睡者从床上滑落的护板。这种睡觉平台的式样似乎比较单一，但随着我们深入挖掘，会发现更多的款式：箱床、吊床、低矮的水床和高出地面16 英尺[1] 的床。尽管如此，在过去的五千年里，床那矩形的基本设计却几乎没什么变化，就连床垫也都差不多。鲜草、干草还有麦秸秆，几个世纪以来一直被塞进麻袋或布袋里当作床垫的基本材料。比较富裕的人睡着多层床垫，避免臭虫叮咬，也能减轻填料刮擦引起的瘙痒感。助眠技术的伟大发展是 21 世纪的产物，说到底无非是为了对抗失眠症而衍生出的骗局和拙劣的医术。

有大量的研究围绕睡眠及其发展史展开，特别是一种被称为"分段式睡眠"的方法，似乎早在电灯把夜晚变成白天之前就已被广泛应用。比方说，人们先睡大约 4 个小时，然后醒过来，花点儿时间亲热、分析一下刚才做的梦、祈祷、做家务、见朋友，或者干些不正经的勾当，之后再躺回床上接着睡上 4 个小时。在 17 世纪的伦敦，凌晨 3 点的街头还回荡着商贩的叫卖声，这说明当时一定会有心甘情愿光顾的客人。想想看，或许正是我们现代人想要否认这种"自然"的睡眠节奏，才导致我们如今要依赖价值数十亿美元的安眠药才能安然入睡。那么，我们能不能简单地通过了解过往的生活来解决眼前的失眠问题呢？

除了睡觉以外，在床上还有很多事情可做。即使是在不同的文化习俗中，床也总是进行性活动的平台，但和什么人睡、什么时候睡、怎么睡，就因社会环境的差异而有所不同。尽管英国王子们可能会感到畏缩，但王室成员的房事往往是经过精心策划的。埃及法老和中国皇帝的性活

---

[1] 1 英尺约等于 0.3 米。——编者

4

动都有官员专门进行记录。皇宫之外的性活动更加自由一些，但是对任何离经叛道的行为都戴着有色眼镜的教会，自然会对其加以谴责。

我们往往也会忽略在鲜有文字记载的时代谈话是多么重要，因为那时每件事都是通过口耳相传的方式代代流传的。黑暗的冬夜是长辈和萨满巫师讲述故事、吟诵圣歌、祈求超自然奥秘的时间。他们讲的故事可能耳熟能详，一遍遍地被人们复述，但也解释了宇宙的诞生、人类的起源，还有人与玄妙未知和自然界的强大力量之间的联系。我们花在床上的时间是一种黏着剂，把人类紧紧粘在一起，让我们懂得爱，懂得学习。一个人睡觉和消磨时间的地方，就是他生活的中心。

在人类的绝大部分历史中，我们所谓的隐私是不存在的。很多人会与别人同床共枕，因为这样可以为彼此提供安全保障。孩子、父母甚至整个家庭或血缘群体，都会彼此倚靠着睡在一起。有关床的社会规范十分灵活，并且不断演变，今夜同床而眠的伙伴有可能在明晚就换成了另一个人。19世纪，在欧洲和美国，无论是在陆上旅行还是在海上旅行的途中与陌生人同床共枕仍屡见不鲜，而直到今天，这种情况在某些国家仍非常普遍。旅店为旅客提供单独的床位，或是按住宿者的人头收费。这种安排床位的方式不大容易让人安然入睡。16世纪的英国诗人安德鲁·巴克利就曾对此抱怨说："有些人翻来覆去，有些人喋喋不休，还有些人喝得醉醺醺的，带着满身酒气爬上床铺。"卧室作为一种独立的房间，曾是王室和贵族的身份象征，但即使在那时，卧室也经常发挥公共舞台的作用。法国国王路易十四在床上治理国政。最近二百年，我们这些老百姓才用墙把卧室隔出来，让它变成完全私密的空间。然而，这种隐私也将由能使人与网络无缝连接的、未来主义的"互联床"打破。直到工业革命时代，甚至还要再晚些，床都是兼具实用意义与象征意义的场所，可以说，它是我们生活舞台的支柱。

这是一个什么样的舞台啊！人的一生往往都始于床，又终于床。王室成员的出生和死亡总是伴随着很高的风险，特别是在继承权存疑的情况下，因此这些人的预期寿命往往都不长，甚至会在毫无预兆的情况下暴毙。古代中国和印度的皇帝都在戒备森严的状态下入睡，英国女王伊丽莎白一世和埃及法老也是如此。这些地位显赫的人物的生死，都要有目击者在场为其见证。英国王室成员分娩时，内政大臣必须在场，直到1948年查尔斯王子出生这个规定才被废止。1688年，多达42位各界名流聚集在圣詹姆斯宫，见证詹姆斯二世的儿子诞生。剑桥的一位历史学家将这个事件称为历史上第一场围绕王室成员降生的"媒体马戏团"表演。

临终之床也往往有着重大的象征意义，比如葬礼上使用的长榻。人们在哈萨克斯坦的贝雷尔发掘出一座公元前200年的蒙古式墓葬，墓室中一张高高的、精致的木床上安放着两具塞西亚贵族的尸体。在墓室之外，11匹陪葬的战马躺卧在用桦树皮做的"床"上，马鞍和马具完好无损。这种墓葬的意象，与古代游牧民族的信仰密切相关：他们崇拜天穹之上那些骑着战马的神明，它们象征着仰赖于强壮善跑的马匹以生存与领导的世界。在来世，如果这些贵族没有了他们的战马，就意味着失去了所有的权力。直到维多利亚时代，亲友环绕在临终之床周围的告别依然是一种隆重的仪式，尽管现在的人已经不赞成在卧室中进行社交活动了。男女分手时的分居往往是激烈、狂热的，尤其对现代城市的中产阶级而言更是如此。对他们来说，自己的卧室成了私人的避难所，这种观念已经席卷了西方社会。几个世纪以来，床的基本制作技术也首次发生了变化，床开始变得更精致、更复杂。1826年，人们开始使用金属螺旋弹簧取代传统的皮带或绳索。工业革命带来的以机器纺织的棉质床上用品填补了维多利亚时代那些制作精良的衣柜里的大部分空间。在那个环境普遍潮湿、充斥着对随之而来的结核病的恐惧的时代，人们需要小心翼翼地让这些被褥保持干爽。一个维多利亚时代的主妇曾抱怨说，仆人们从来没有把床整理好：他们的第一个想法永远是把整张床罩上，搞得"又闷又不透气，让人难受"。现代实验表明，当时的仆人至少要花半个小时才能把一张床整理好。直到20世纪70年代，床上用品领域才发生了迄今为止最伟大的革命：羽绒被问世了，这使人们不再需要无休止地换洗毛毯、上下层床单以及其他床上用品。

今天，顶尖水准的床是一面反映我们日益提高的工艺技术以及习惯多任务处理的后工业社会的镜子。它配备了USB端口和其他设备，以便床上的人时刻与外部世界保持联系。与此同时，不断增长的城市人口和居高不下的房价正导致数以百万计的人居住在托管公寓、狭小的单室公寓和拥挤不堪的高层建筑中。床，要么被折叠到墙上，要么就重新出现在家中的公共空间里。

现在，这本书揭开了盖在床上的被子——人类科技中最基本的部分。它揭示了作为最容易被忽视的人类造物之一，床的那段让人感到陌生的、时而滑稽的，却总是非常引人入胜的历史。从淘气的床伴在中世纪房屋的大厅里的嬉戏到国家元首的睡眠习惯，我们调查了发生在那块小小的探索之地上的复杂变化，以及人们在那里做过的一切。

第一章

裸　床

"在几乎所有的社会历史和传记中，缺少了三分之一的故事。"20世纪60年代，建筑画家、家具专家劳伦斯·赖特如此写道。当时的他在反思，人们在对过去的认知中存在着一个床形的缺口。[1]这个问题在大多数的考古学研究中同样无法避免，但对于我们这些考古学家来说，如果有人继续挖掘、寻找，"床"这种人造物依然是展开这段"横向历史"最合乎逻辑的起点。

躺下的冲动

确定人类第一次使用床的时间节点，取决于我们对床如何定义。我们的远古祖先可能睡在比地面高很多的地方，就像我们那些尚存的灵长类亲戚一样，也有可能睡在成捆的树枝或草堆上。他们不得不这样睡：我们人类的东非家园中四处游荡着危险的野兽，它们无时无刻不考虑着如何拿我们饱餐一顿。在没有能提供保护的火和足以防身的狩猎武器的几百万年里，我们的祖先就依靠着睡在半空中来繁衍生息。因为在睡觉以及哺育后代的时候最容易受到伤害，所以他们在具有良好柔韧性的树枝上寻找休息的地方，可能还用草或树叶修筑了"巢穴"，当然，这些修建在树上的"床"早已随着时间的流逝而消失了。

与我们关系最亲近的"亲戚"黑猩猩，让我们深刻理解了如何才能徒手做出一张床。在乌干达西部的托罗－塞姆利基（Toro-Semliki）保护区，黑猩猩会用乌干达铁木（一种枝干粗大且间距宽阔的树）的树枝做床。它们把嫩枝条编织在一起，做成结实耐用的床。[2]其他地区的黑猩猩也会仔细地选择它们的筑窝材料，而且每天都要做一张新床。这代表它们的床是一次性的，特别干净，床上的排泄物和细菌数量比现在人类床上的少得多。[3]可以肯定，我们人类遥远的祖先也是这样做的。在高于地面的地方，他们也一定筑了用于睡觉、在白天炎热的时候休息以及繁殖的"窝"。我想现在已经没有谁能受得了在树上的窝里睡觉了。

大约 200 万年前，我们的祖先驯服了火——尽管这个时间仍有争议。火提供了温暖，让人类可以煮熟食物，最重要的是，能保护人们不受野兽的袭击。自从有了火，我们的祖先就开始睡在地面上，睡在露天营地里的、垂悬的岩石下的，或洞穴中的火堆周围。火让人们更乐于分享食物，它诱人的温暖使人们紧紧地挤在一起，帮助人们在小团体中建立密切的关系。家庭基础和家庭关系变得更加重要，而男女之间的关系也一定发生了深刻的变化。在火堆旁边，身体夜复一夜地亲密接触，有助于将性关系从偶然的邂逅转变为与分享睡眠场所的同一伴侣进行的习惯性行为。配对结合可能是在人类进化历程中较晚出现的特征，而思考诸如"火"与"床"之类的人类技术在这一特征出现的过程中所扮演的角色是非常有趣的体验。这张"床"，也许只是一堆草、一张兽皮，却能成为人类生活的中心，不仅是睡觉的地方，还是人们共同生活或是梳妆打扮的重要地点。

对我们人类最早期行为的描述，大多只是有根据的猜测。只有当考古学家确实发现了最古老的床时，我们才能获得一些具体的证据，以证明我们过去常常做些什么。这些床来自南非乌通加提河（Uthongathi

River）畔悬崖上的斯布度（Sibudu）石洞，就在德班以北 40 千米处，距印度洋 15 千米。[4] 在 77000 年前到 38000 年前之间的这段时期，不仅在身体结构上，毫无疑问，在智力上也与我们相差无几的现代人和智人（homo sapiens）至少造访过这里 15 次，并在此睡觉休息。如今在河边依然生得茂密的杂草、莎草和灯芯草，对我们讲述着关于定期造访这里的小心翼翼的睡眠者的故事。绝大多数在能够遮风挡雨的洞穴里或是充当庇护所的岩石下睡觉的人很难让自己的睡眠场所保持干净，不受昆虫滋扰，但斯布度人却可以，他们是这方面的专家。他们用一种叫作"加密卡亚木"（Cryptocraya woodii）的月桂树的叶子保护自己，这种带有香气的树叶含有几种化学成分，能够驱赶、杀死蚊子和其他害虫。在这里睡觉的人也会定期焚烧寝具以清除昆虫和垃圾，然后再铺上新鲜的杂草与灯芯草，制成新的床。他们似乎偏爱特大号的床，大多数的床上用品至少覆盖着 3 平方米的土地。这可不仅仅是睡觉的地方。人们会准备好食物，懒洋洋地躺在草床上时再把它们吃下去 —— 人们似乎喜欢把各种活动放到一起进行。

50000 年前，我们现代人类的"表亲"尼安德特人，在西班牙北部桑坦德西南部的埃斯奎卢（Esquilleu）洞穴里也是睡在草堆上。又过了 23000 年，我们的直系祖先智人占领了一个用于狩猎和捕鱼的营地，就在今天的加利利海边，即著名的奥哈罗（Ohalo）II 遗址。[5] 由于水位下降，原本被水淹没的营地暴露出来，一座椭圆形小屋重现于世。小屋的地面用湖边柔软而纤细的草茎精心铺设。采集者用锋利的石器切割草茎，把它们紧实地铺在地上，再铺上一层致密的黏土对其进行保护，从而制成一张简单而轻薄的垫子。柔软的草层是睡觉的好地方。睡觉的人像铺瓷砖那样，把一束束的草排列到墙边，只在中间留出一片空地安置取暖的火堆。奥哈罗人的床上用品相当精致。小屋中央的火堆周围和小屋入口处也铺有几层简单的草垫，用来准备食物和制造工具。虽然这里不是史前版本的会提供早餐的旅店，但也是能让人们非常重视夜间的安稳舒适的地方。在这里，睡觉的区域也是被单独隔离开的，就像现代的猎人营地一样。

几千年来，人们在睡觉时一直紧挨在一起，靠火源取暖，在越来越恶劣的严寒气候中把自己藏在层层兽皮下御寒。取暖和获得保护是人们睡觉时的原始需求，当时并没有什么隐私的概念：性交、怀孕、生子、哺乳、生病、死亡，一切都发生在自己亲人的眼皮底下。只有少数几处遗迹能让我们意识到这种事实的存在，比如海因兹洞穴（Hinds Cave），它位于得克萨斯州东部佩科斯河（Pecos River）支流的河谷中。[6]早在公元前7000年，就有人类初次踏足这座洞穴。这座3米深的干燥洞穴是考古学的宝库，从植物到垫子、从篮子到床具，这里保存着当时的人在生活中会用到的一切。考察洞穴的小组由10～15个人组成，他们以与数千年前的人们相同的方式使用了这里。在洞穴的深处以及洞壁的某个凹陷处，仍保留着铺着草皮的"睡坑"和火炉的遗迹。两个睡眠区之间还有个很大的粪坑。造访这里的原始人挖出一些浅坑，在里面铺上叶子茂密的小树枝，做出简单的床，之后他们会在上面铺上一层填充良好的编制草席碎片，或者是废弃的凉鞋，再铺上柔软的草和睡垫。他们一定要把这些长约0.9米、宽仅0.6米的简陋浅坑布置成温暖舒适的卧室。它们是专门用来睡觉的地方，不做其他用途。这些"床"的主人一定都是蜷着身体睡在里面的，这样做或许是为了维持体温。

和祖先同床

让我们把画面快进到公元前3200年，来到苏格兰奥克尼群岛（Orkney Islands）的奥斯凯尔湾南岸，这里常年气候恶劣、风雨交加。

1850 年，一场暴风雨带来了罕见的涨潮和狂风，刮走了一座名叫斯凯拉布拉（Skerrabra，现在写作"Skara Brae"）的山丘上的草皮，就此揭开了远古石质建筑的真容。这块地的所有者威廉·瓦特在这里挖出了 4 座住宅之后就没再继续下去，直到 1925 年，又一场暴风雨摧毁了其中几座住宅，当地人开始建造防波堤来保护这些建筑，却在施工过程中发现了更多的房屋。1928—1930 年，当时最杰出的考古学家之一，爱丁堡大学的维尔·戈登·柴尔德（Vere Gordon Childe）才把这些建筑从它们的沙质茧壳中拽了出来。

尽管不知疲倦的柴尔德在古代欧洲社会方面有着丰富过人的知识，却从没见过其他任何一处像斯卡拉布雷（Skara Brae）这样的地方。[7] 他发现了 8 座保存完好的民居，彼此间由低矮的、有遮蔽的走廊连接。住宅的墙壁仍然屹立不倒，走廊顶部同样完好如初。最重要的是，每座住宅内部的石质设施也都保存了下来。每座房子都具备一个大大的方形房间，中央放置一个火炉，两边各有两张床，与门相对的墙边还有带架子的梳妆台。多亏了放射性碳年代测定法，我们才能得知，斯卡拉布雷在公元前 3200—前 2200 年这 10 个世纪中，有 6 个世纪都是有人居住的。这里是一处石器时代农民的聚居地。英国的"床"的历史，第一次触及如此遥远的年代。

这些石质建筑反映了奥克尼社会的深刻变化。直到大约 300 年前，奥克尼人（Orcadians）一直住在内部被划分成许多小隔间的木质结构房屋中。耐人寻味的是，这种室内设计与他们坟墓的设计如出一辙。很难解释他们为什么这样做，在他们努力耕耘着的世界，他们或许仍想与故去的先辈保持清晰的联系。这些都是近亲的定居点，很可能是围绕着小型亲属群体组织起来的，土地的所有权对住在这里的人来说肯定至关重要，而祖辈的权力在他们的生活中发挥着基本的作用。

然而，当他们开始建造石质建筑，生与死的平衡似乎也发生了意义非凡的改变。与木质结构房屋不同，斯卡拉布雷的石质房屋和同时代其他定居点的一样，结实稳固，经久耐用。人们住在祖传下来的坚固耐用的老房子里，有时还会将其扩建，再把自己的祖先都迁葬在附近。这里的农民，或许几代人都被捆绑在自己的农地和牧场上。无论是农业生产还是石工建筑，都要求有许多人惯性地在一起工作和生活。

　　在斯卡拉布雷的 8 号小屋里，正对着门的地方有个带架子的石质梳妆台。房屋中央是火堆，两个石质"箱床"从墙壁上凸出来，从两侧将其围住。在这里所有的房屋中，放在右边的床都比左边的床大，所以许多人推测大床是给男人睡的，小床是给女人睡的，但还有其他可能的分配方式，比如与年龄有关：在另一栋房子里，一张靠近门的床被检测出

位于苏格兰奥克尼群岛的斯卡拉布雷的史前住宅，其中左右两侧都有被围起来的疑似"床"的石质设施

磷含量较高，这说明可能有尿床的婴儿或幼儿睡在这里，但这也只是一种猜测罢了。

大床总是放在右边，而左边的床总是比较小。但是，与斯布度和奥哈罗遗址中的睡眠空间不同的是，斯卡拉布雷的床都很小，能提供的活动范围显然更有限。屋里的空间仅能容纳一个成年人和一个孩子，尤其当床上铺满兽皮时就更显拥挤。虽然人可能觉得空间局促，难以入睡，但在这种寒冷多风的气候中还是保暖更要紧。在漫长而黑暗的冬天，每个人都会花很多时间把自己裹在毯子和毛皮里，在炉火边或躺或坐。人们会聚在被炉火照亮的中心区域讲故事、聊天、互开玩笑、看护病人、用餐。也许，考虑到床的狭窄和与如今全然不同的隐私观念，他们还会交媾。夜里，他们可能会缩回自己舒适的"箱床"里独处。有些"箱床"周围的墙上有一些凹洞，这表明"箱床"周围应该挂有遮挡物，可能是为了保暖，也可能是为了阻隔苏格兰群岛夏季的阳光。

但是，在附近的 7 号小屋里，情况又有所不同。这所房子与它的邻居完全隔离，只能通过旁边的一条过道进入。两具女性遗体在小屋里被发现，她们躺在右手边床下靠墙的石头坟墓里。她们共享一具石棺，上面的装饰早在石屋建成之前就已雕刻完成。也许当地人的葬礼属于某种奠基仪式的一部分——7 号小屋的门只能从外面锁上，大概是为了把死者留在里面。考古学家一直对 7 号小屋的意义感到困惑。这间被隔离的屋子是不是死者下葬前停尸的地方？是不是一间产房，把分娩仪式与日常生活分隔开来？还是说，这些丧葬仪式再次反映出人们对连接过去、现在和未来的生命延续性的关注？在农业社会，春生、夏长、秋收、冬藏是一种无尽的循环，关乎人类的生存。这可能也具有一种象征意义，暗示着人们的出生、成长、成年、死亡。这不可忽视地提醒着他们，在他们祖先的时代，生命就是这样的，而对未出世的孩子来说，生命仍将如此循环，不会改变。

然而，曾酣睡于此的人早已逝去，曾为他们提供温暖、舒适的皮革、纺织品和草垫也已成为转瞬即逝的过去。我们怎么能断定眼前看到的这些东西就一定是床呢？即使在保存完好的斯卡拉布雷遗址，柴尔德也只能根据他的所知来做出猜测，而最新的考古发现告诉我们，他几乎完全正确。巴恩豪斯（Barnhouse）是一座与斯卡拉布雷遗址同时代的村庄，坐落于奥克尼主岛上"斯坦尼斯立石"（Stones of Stenness）以北，由约15栋独立建筑组成。村庄遗址中同样保存着石质家具，包括更多的"箱床"，其中一座房屋中甚至存有6个可用作"床"的浅坑。[8]

奥克尼人的家具能幸存至今，就因为它们是用石头做的。如果是用木桩支撑的木床，命运又会如何？在大多数情况下，当然会消失。然而，只有在极为偶然的情况下，再加上考古专家娴熟的挖掘技巧，才能使褪了色的木床的桩洞形状从浅色土壤中显露出来。床，或者至少是支持它们的木桩，才能奇迹般地出现在我们眼前。在英国的另一端，著名的巨石阵东北方向3千米处，杜灵顿垣墙（Durrington Walls）矗立在白垩土上。考古学家迈克·帕克·皮尔森（Mike Parker Pearson）和他的同事们都是解释土壤细微变色原理的行家。[9]他们依靠刷子和小铲子，成功辨别出小屋墙壁上的木桩孔，还有因水平放置木板或原木而留在白垩土中的浅沟槽。这些都属于横梁槽，它们为保持"箱床"和储物箱的稳固而设计。皮尔森立刻联想到了斯卡拉布雷的床，只不过这里的"箱床"都是木质的。还有更多这样的例子。在一条从杜灵顿垣墙通往附近河流的大道旁，有一栋很大的方形房子，入口朝南，抹着石膏地板。靠西墙的是一张"箱床"的床基，对面的墙边是另一张床。在另外3间房子中同样陈设着围绕房间正中的火炉而建的"箱床"。杜灵顿垣墙下的"床"，如今成了埋在白垩土中的缥缈幽灵。

在杜灵顿垣墙和奥克尼人的村庄，床都是人们睡觉的场所，也起到了保暖的作用，但从奥克尼的发现来看，即使是这些简单的睡觉场所，也都作为连续性的象征而充满了深刻的意义。在地中海中部的戈佐岛和马耳他岛上发现的同时代的床，也同样饱含着深远的象征意义。此外，在这些床的设计中还包含一个关键性的创新——床腿。

和埃及文明、美索不达米亚文明的初期一样，在公元前3500年至前2500年，戈佐岛和马耳他岛上的小规模农耕社会已经拥有了以墓地和神庙为中心的成熟的建造传统。人们生活在小型的农业群体中，由散布在两个岛屿上的公共墓地和祭祀场所维系起来。这些群体都是相对孤立的，只有驾驶简陋的船只通过危险的航路才能抵达。这种与世隔绝的状态，似乎催生出一种以宗教场所为中心的极其宏大的宇宙视野。

在戈佐岛和马耳他岛上，古代神庙的建筑设计都非常复杂。其狭窄的入口通往前院，信徒可以在此观看祭祀仪式。精心设计的建筑把人的目光从入口处的走廊引向祭坛以及展示模型、雕塑等祭祀用品的地方。神庙内部由椭圆形的房间和走廊组成，但似乎很少有人进入被栅栏围住的内部区域。隐藏在隔间中的设计与其艺术表现背后的仪式性隐喻令我们难以理解。地下埋葬场所，或者称其为地下墓室，集中反映了神庙的艺术形式，它们的构造就像迷宫一样，并且严格限制出入。正是在这些使不同群体的人聚集在一起为死者举行下葬仪式的地方，我们出乎意料地找到了与床有关的证据。

地下墓穴的丰富壁绘描绘了男性和女性在长榻与床上或坐或躺的场景。[10]有7张这样的床被表现为雕塑形式，其中一半表现的是葬礼的场景，仿佛把死亡视作长眠。这些人都穿着长裙，这或许是一种地位的象征。在马耳他的哈尔·萨夫列尼（Hal Saflieni）的地下墓穴，一个以熟睡中的妇人为原型的雕塑被发现了。她侧躺着，双腿伸直，头靠在一条胳膊上，似乎睡得正香。考古学家卡洛琳·马龙（Caroline Malone）认为，这种姿势可能反映了一种人在梦境般的体验，也许"她"正在多层宇宙中，在生者、死者和超自然的世界之间穿行。在戈佐岛上的布罗克托夫（Brochtorff），一对雕刻人物直直地坐在床上，怀中抱着一个小人儿（也许是个孩子）以及一个祭品杯。这对庄严的人物坐在一张饰有曲线图案的床上，被安置在许多装着红色赭石的小杯之间。马龙推测，这些器皿及其周围许多被红色赭石环绕的骸骨，可能反映了从生到死的永恒循环。还有两个关于床上人物的雕刻，是在马耳他塔尔欣（Tarxien）的另一处遗址外的两个垃圾堆里发现的。它们的躯干，或者只是头部，是可以被挪动的。其中一座雕像双腿丰满，伸向床边，而下面的小人儿们则从床柱之间向外张望。也许这些层次分明的造型代表着某位世世代代保护着生者与死者的古代神明。床的支柱与绑带相交缠，把这里变成一个碟形的、舒适的休息场所，其上铺着几层编织好后绑在床框上的芦苇或稻草。这些床的床腿似乎都又短又粗。

在马耳他哈尔·萨夫列尼地宫发现的"沉睡的妇人"石雕（约公元前 3000 年）

这些神庙及其地下墓穴的设计，似乎反映出当时人们的一种想象：他们把现实世界和超自然世界看作从死者所在的地下世界向天堂延伸的多层宇宙。在马耳他的古老世界里，万物并不都是平和安详的，但是，许多遗留下来的形象，包括哈尔·萨夫列尼的"沉睡的妇人"，都代表着一种平静舒适的存在。在这里，床的功能远远超出了日常活动的场所，它们是把生者与逝去的祖先维系在一起的宇宙的台阶。

睡在地上

尽管早期考古证据就已经表明当时的床具备床腿，但大多数人依然睡在地上。时至今日，世界各地甚至还有很多人，尤其是那些生存艰难的农民和穷苦人，根本无从选择，只能睡在地上。睡在高于地面的床上是早期社会的一种等级象征。如果你是古埃及法老时代的平民，几乎可以肯定，你一定睡在地上，可能垫着一张草席，也可能最多只有一张麦秆或羊毛填充的粗糙垫子把你和坚硬的地面隔开。对于睡惯了现代床垫的人来说，这种睡眠条件简直是一种挑战，但我听说这样似乎对身体有些好处。

理疗师迈克尔·泰特利（Michael Tetley）一生都在研究人类以外的灵长类动物以及那些睡在地上的人类。1953—1954 年，他负责指挥一个非洲士兵排。士兵们教他怎样不用枕头侧卧在地上睡觉，这样耳朵就可以贴近地面，时刻侦测预示着危险的声音。他发现山地大猩猩、黑猩猩和长臂猿都侧身而睡，并且不准备任何可充当枕头的东西。许多人也是如此，他们用一条胳膊当枕头，移动肩膀，这样他们的脖子也能得到有效的支撑。

泰特利将所有安全且无床的睡眠方式整理编目，其中一些在此之前并无他人记录。对于习惯用这些姿势睡觉的人来说，这显然是很舒适的。[11] 没有人会回避现实的问题，泰特利甚至记录了男人们在野外露宿时为了避免下体遭虫咬伤而采用的各种睡觉姿势。然而，很少有人会选择在开阔的野外裸睡：我们总觉得自己太容易受伤，尤其在会出现各种小虫子的情况下，不管是我们想象出来的还是其他真实存在的虫子，都可能会咬破我们的皮肤、钻入其中，趁机在我们的各种器官里巡游一番。

对一些人而言，在地上睡觉比在床上睡觉更好：这是一种有意为之的文化和审美选择，与财富或地位无关。早在公元前 13 世纪到公元前 11 世纪，中国就已经出现了"高台"形式的床，但在亚洲，人们睡在地上依然是司空见惯的事情。直到今天，日本人仍习惯睡在地板上。大约从 8 世纪开始，他们会用折叠垫或将近一人大小的草席铺满房间，并称其为"榻榻米"（源于日语动词 Tatamu，即"折叠"）。作为床上用品和坐具，榻榻米的标准化程度很高，以至于被用于编制住房统计数据：榻榻米的数量可以用来计算房间的面积。日式床垫是一种填充了棉絮的垫子，铺在榻榻米之上，从 17 世纪开始被人们使用。它最大的好处在于轻便，在如今拥挤不堪的城市公寓里，人们可以将日式床垫折叠起来，为其他日常活动节省空间。

在君士坦丁堡的奥斯曼王宫里，高床是闻所未闻的东西。即使贵为苏丹本人，也只是睡在一个铺着地毯和垫子的低矮平台上，"床"不过是地面上稍微隆起的部分。你可以睡在任何能铺下床上用品的地方。一些虔诚的托钵僧也更喜欢睡在地上，因为他们相信，睡在坚硬的地面上能让他们具备安贫乐道的美德。然而，一旦人们开始睡在床上，将自己抬离地面，睡眠的状态就会发生动态的变化，此时枕头就成了必需品，而睡眠者也更容易受到腰痛的影响。因此，在社会声望问题发挥作用之前，睡在地面上或者其他坚硬的表面上并不一定是坏事。带腿的床几乎总是一种社会地位的象征，这往往是为了迎合富人或贵族才出现的说法。

睡在高处

鉴于社会不平等是文明的标志之一，所以毫不意外，不平等的出现会促使人们更加关注具备床腿的高床。美索不达米亚地区的古代苏美尔人将木制床架固定在床腿上。早期的埃及床不过是些有脚的木框，皮革、布条或精心编制的芦苇席覆盖其上，成了供人睡觉的平台。许多这种具备高度的床两端的床腿高低不等，高的一端是床头，人们有时还会在较低的那头放置脚凳。

干旱的气候对我们这些"床铺挖掘者"来说十分友好，因为干燥的条件能让木器千年不朽。埃及沙漠里干燥的空气使一些壮观的床保存至今。古埃及宰相梅汝卡（Mereruka）生活在第六王朝早期（约公元前2300年），服侍于泰提王。作为仅次于统治者的二号人物，他肩负的责任重大，日常工作甚至包括"监督抄写王室起居录 [12]"。梅汝卡后来娶了泰提王的女儿塞斯赫特·瓦泰克赫托尔（Sesheshet Watetkhethor），成了王朝驸马。这对夫妇死后被葬在下埃及塞加拉（Saqqara）的一处有 33个房间的神庙里，墓室墙壁上的绘画和雕刻让我们对他们的日常生活以及他们的床产生了生动的印象。

这座神庙里有 5 个房间属于梅汝卡的妻子瓦泰克赫托尔公主。在其中一个场景中，宰相坐在婚床床头，他的手肘显然靠在头枕上，而瓦泰克赫托尔正跪在他的脚边弹奏竖琴。贡品、储存罐以及各式箱笼整整齐齐地堆放在下面。坟墓里的另一张登记簿表明这里有张狮腿大床。两个仆人正在为床铺上亚麻布，而 5 个被称为"亚麻布监督"的侍从双手交叉，在一旁等待。梅汝卡拉着妻子的手走到床边，男女仆从跟在后面。在下一幅画面中，床单已经铺好，头枕也已就位。这幅壁画暗示着这对夫妇即将交媾。梅汝卡被称为"在铺好的床上的他"，而瓦泰克赫托尔则被称为"倚靠头枕的她"。这个场景就像古埃及艺术家在墓壁上涂绘时感受到的那样充满欲望。出生和重生都围绕着贵族和皇室的床。由石头、黏土或木头制成的头枕，与日出和轮回联系在一起，为生者和死者服务。

因贵为法老的女婿，梅汝卡拥有质量最好的床。再回溯300年，大约在公元前2580年至前2575年，赫特菲瑞斯女王带着她华丽的家具去往来世，其中就包括一张床腿裹覆着黄金的带有顶篷的床。床的木材早已腐烂，埃及学家乔治·赖纳（George Reiner）以拼装坍塌的金箔的方式复原了这张床的结构。又过了几个世纪，少年法老图坦卡蒙带着6张猫腿床走向永恒。这些床由乌木制成，覆盖着厚厚的黄金叶，颇为壮

图坦卡蒙法老陵墓前厅里的殡葬床，摄于1922年

观。[13] 黄金叶上的刮痕表明这张床曾经被使用过。3 张装饰着各式兽首雕像的预制殡葬床就放在他的墓室前厅里，其中一张以狮头为装饰，这就是将法老的尸体制成木乃伊时所用的"狮床"。另一张床用河马头装饰，很可能是为献给分娩与生育女神塔沃瑞特（Taweret）而准备的。还有一张床用牝牛头装饰，它可能进一步唤起了牝牛女神梅赫特－韦赖特（Mehetweret）与轮回和创世的观念之间的联系。

法老生活中的每一件事，包括他的房事，都具有深刻的象征意义。因此，他们生活中的每一分钟都受到严格管理，井井有条。法老的生活，正如希腊历史学家狄奥多罗斯·西库鲁斯（Diodorus Siculus）在公元前 1 世纪描写的那样："不仅是接受觐见、处理政务，就连散步、洗澡、和妻子睡觉的时间都有规定，简而言之，他生活中的每一个动作都有严格的时间安排。"[14] 而在几个世纪前，像梅汝卡这样的高级官员也是如此。梅汝卡的墓壁图刻表明，即使是在妻子陪伴下走向床边的时候，他也无法逃避自己的职责。

在古代晚期，床也是神话故事中永恒的主题。希腊和罗马文学中大量存在关于床所具备的能够提供慰藉和庇护功能的描述。在希腊和罗马，富人的床和埃及人的床类似，都以窄长方形为基础式样，但床腿更长，甚至可以兼作桌子使用。这种床没有脚踏板，但床头板能够支持人们斜靠在上面。著名的希腊沙发"克丽奈"（kliné）最早源于餐椅，但很快就演变成常见的病榻，它以交织的亚麻或皮带支撑起床垫。罗马语中有个常见的单词"lectus"（床），可以衍生出多种含义，也反映出了床的多种用途：人们睡在"lectus cubicularis"上（这是卧室床，"cubiculum"指卧室）；在"lectus genialis"（婚床）上共度良宵；"lectus discubitorius"是吃饭用的桌床，一般放在人的左侧，以便右手自由活动，这种床桌通常由三个人使用，最尊贵的客人居于中间位置；"lecti"不单是用于读书和工作的椅子，也是供病人使用的轮椅，还是用来捆住精神病人的床；"lectus funebris"
用来将死者送往火葬的柴堆。[15]

床也是中国古代富人们的社交平台。东晋画家顾恺之（约公元348—
409年）是中国水墨画的鼻祖之一，他的绢本绘画《女史箴图》中有9
个场景现存于世。画中有场景描绘了皇帝和嫔妃之间充满猜忌的对视画
面 —— 无声的对白往往会加剧猜疑。他们坐在一张挂着由四根床柱支撑
着的华美帷幔的床上，这在没有隐私可言的皇宫里为他们提供了某种程
度的私密空间。

这些床可能很硬，这在今天的中国也是一个常见的偏好，但富人与
贵胄喜欢用精美的织物将他们的床围起来。中国人在纺织领域掌握着非
凡的技术，他们常常在奢华的床帷上绣上吉祥的象征，比如飞天的神话
形象等。随着时间推移，枕头取代了过去的头枕。枕头的好处是，除了
用于睡觉之外，还能支撑使用者以某个角度斜躺着进行社交活动，并保
持他们悉心梳理的头发整齐如初。

几千年来，床的基本设计几乎没什么变化。在大多数地方，睡得离
地面越近，就代表这个人越穷。贵族和富人睡在高高的床上，裹着舒适
的织物。将自己睡觉的位置抬离地面，用帷幔把自己的床围起来，无论
是为了驱赶蚊虫或是抵御寒冷，这都是社会地位的象征。穷人没有选择，
只能睡在地上。而那些更富有的希腊罗马人，尤其是罗马人，会睡在床
面倾斜的窄床上，头所在的一端略高一些。他们靠着头枕，就像几千年
前的法老一样。

欧洲的风尚

贵族、富人和平民之间的差异一直延续到中世纪的欧洲。对农民，

也就是对大多数人来说，睡觉实际上就是简单地用毛毯或外套把自己包裹起来。近代早期的床发展出了多种形式，从简易的稻草堆到铺在凸起的平台上的填满稻草的麻袋，再到可以收入墙中的"箱床"和配有轮子的"轮床"。到12世纪，床变得越来越宽，甚至可达4米，并逐渐成为更坚固的家具。它离地面足够高，为在床下储物留出了空间。这张床上会铺一张塞满稻草的垫子，再上面是一条亚麻或羊毛的褥垫，然后是羽毛床垫，最后才罩上一张床单。

现代床的基本要素在中世纪晚期就已经具备了。这个时代的超级富豪们留下来的床上用品，比如精细无比的"特里斯坦被子"（Tristan Quilt），如今被收藏在伦敦的维多利亚和阿尔伯特博物馆里。这条被子大约是1360—1400年在西西里岛缝制的，选用亚麻布面料，内里用棉絮填充，被面上至少有14处关于当时流行的特里斯坦和伊索尔德（Isolde）的传说场景。博物馆的索引卡告诉我们，这条被子"满载着生动的战斗场景、船舰以及城堡的图案，在烛光下看上去肯定令人印象特别深刻"。[16]确实如此，但以现代人的眼光来看，这条被子显得既笨重又粗糙。

除了被子和铺在床上的毯子外，在中世纪的欧洲，人们睡觉时头可能枕在一个长度可横跨整张床的长枕上，垫子和枕头可以让人舒服地坐起来，甚至可以半坐半卧地睡觉。为什么他们会让身体以倾斜的角度，有时甚至保持挺立的状态睡觉呢？具体原因目前还不清楚。这可能与床垫的斜度有关，也可能出于一种恐惧——平躺的姿势与死亡有着广泛的联系。17世纪的荷兰艺术家伦勃朗·凡·莱因（Rembrandt van Rijn）可能就以一种近乎垂直的姿势睡在他位于阿姆斯特丹的房子里的一张狭窄的"箱床"上。那时候有些男人认为，用枕头显得太过娘娘腔了，所以选择把头放在木枕上休息的人出人意料地多。虽然睡在木头上听起来并不吸引人，但使用硬邦邦的头枕并不是什么稀罕事：早期的中国人、古埃及人、努比亚人、希腊人，还有后来的日本人和非洲人的头枕通常都是用坚硬的材料制成的，而头枕中间的凹陷可以用来放置头发。

中世纪欧洲上流社会的床往往会给人留下深刻的印象。它们通常是由直接悬挂在天花板上的帷帐包围起来的。在一个不推崇呼吸清新空气的时代，床帐既能保暖，又能带来额外的好处——抵御深夜来犯的魔鬼、巫婆和幽灵。大约在 1290 年，富商约翰·丰坦（John Fontin）为他在英格兰南安普敦的豪宅定制了这样一张带有帷帐的床。如今，你还能看到这张床的复制品被塞在某个房间的角落里，用厚重的床帐团团围住。到 15 世纪末，意大利人又想出一种新办法来抵御严寒和恶魔——他们睡在四柱床上，这样帷帐就可以直接挂在床框的帷柱上。

这些床很快就成了英国都铎王朝时期富人的最爱。在 16—18 世纪，四柱床在更为豪华光鲜的欧洲房屋中得到了更广泛的应用。就像许多早期床的结构一样，这种床通常以绳索和帆布为支撑，并具有床架，这意味着它类似于吊床。尽管人们会定期收紧绳索，可睡眠者还是经常会滑向床中央。因此，人们，尤其是英国豪宅的导游，经常说英国有句古老的睡前问候语就源于这种富人家习惯在睡前拉紧绳子的行为："晚安，睡个好觉。"（Night night, sleep tight.）这说法有待商榷，因为这句问候语在 20 世纪才流行起来，而这种说法最早的出处是在 1860 年。

不管这句话的渊源如何，拉紧床绳肯定是当时的人每天必做的事。同样，很少会有富人在这种床里躺平了睡，他们通常采用半坐姿。在接下来的 200 年里，富人们争先恐后地把四柱床做得越来越大，越来越华丽，直到这张床几乎填满整个房间。在近代的欧洲，床往往是最受欢迎也是最贵的家具，它是一个家庭最重要的投资项目，家里有一张额外的床是极大的奢侈。17 世纪，伦敦作家塞缪尔·佩皮斯（Samuel Pepys）在日记中写道："我很自豪，因为我有一张多余的床供给留宿的朋友。"[17]

美洲殖民者的生活却很朴素。大多数早期殖民者的床折射出他们遗留的东西：在荷式风格或英式风格的床上，层层叠叠的厚被褥可以抵御寒冷和潮湿。那些来自荷兰的殖民者非常喜欢 17 世纪时在他们的家乡随处可见的橱柜床或"箱床"。这些床通常不是独立的家具，而是直接嵌入房间墙壁中的木板。

进入 19 世纪之后，现代化用品和卫生设施逐渐在西方普及。英国传奇纺织品设计师威廉·莫里斯（William Morris）用轻薄的棉布，而不是厚重的羊毛、锦缎或不耐用的丝绸，设计出干净而典雅的床帐。[18]莫里斯本人很留恋他的旧床，经常睡在家里那张 17 世纪的四柱床上，但用女儿设计的新床帐把它围了起来。他为床帐写了一首诗，诗的结尾是"一觉解千愁"。

因为人们不得不在外面工作越来越长的时间，所以特别需要好好休息。伴随着工业化，许多家庭扔掉了塞满了羊毛、苔藓和破布的旧床垫。工厂制造的金属弹簧铁架床成为一时风尚。这种床最理想的状态是配备一张耐用的马鬃床垫、一张羽毛床垫、几层床单被面、三四条毯子、一条羽绒被以及几个枕头和枕套。一些中上层家庭的生活标准可能很高，有些家政手册还提倡每天翻一次床垫，换两次枕套。在这种情况下，仆人自然就变得不可或缺了。

第一次世界大战之后，陈旧的雇佣制度和仆人阶级才逐渐在西方消失。一旦女佣供不应求，整理凌乱的床铺就成了一件让人头疼的琐事。20 世纪 70 年代，瑞典羽绒被在设计师特伦斯·康兰（Terence Conran）的推广下逐渐普及，那些追求时髦的家庭终于如释重负。从此，铺好一张有腿的床只需要 3 秒，这简直闻所未闻。我们现在的床不仅非常容易整理，还可以从全球各地的工厂以非常低廉的价格买到。虽然床是我们最常使用的家具，但现代人却对它缄口不言，床就此被"隐藏了起来"。[19] 然而，我们的床依然揭示出"我们是谁""我们如何生活""我们在想什么"以及"我们永远拥有什么"的答案。

第二章

穿越时间的睡眠

威尔士作家威廉·沃恩（William Vaughan）在 1612 年出版的手册《健康指南》（*Approved Directions for Health*）中说，睡眠能"强健所有精神，抚慰我们的身体，让我们保持悠然安详……驱散忧愁，平息心中的怒气"。[1] 当时还有这样一句意大利谚语："床是治病良药。"它们呼应了一种公认的医学观点，即良好的睡眠对健康至关重要。根据东英格兰的一种说法，睡眠对某些人来说是一种"遗忘世界"的方式。许多人相信，即使睡在坟墓旁边，睡眠也是一种财富。悲观主义者威廉·菲斯顿（William Phiston/Fiston）在《彬彬有礼的学校》（*Schoole of Good Manners*，1609 年）一书中，把黑夜描述为"恐怖、黑暗和痛苦"的象征，称他的床是自己坟墓的原型。[2]

在那个无数人对黑暗深怀恐惧的世界里，良好的睡眠是精神健康的守护者，而睡觉的床则是人们改善身体和精神状况的场所。在 19 世纪，维多利亚时代的人睡觉时会用熟悉的东西包围着自己。睡前，他们会凝视绣在床品上的宗教形象，祈祷，念诵经文。他们每天晚上睡觉前都向上帝告解，如果能双膝下跪就再好不过了。而在如今这样忙碌的世俗社会，我们对睡眠的精神恐惧已经消退。今天，大多数人觉得，睡眠仅仅是一种消除疲劳的方式。我们在睡觉时做的梦，如果醒来还能记得，往往也只是留给自己的小秘密。

古埃及人特别重视梦境，他们相信神会通过梦向他们传递指导性的信息。诱导或"孵化"这类幻象的最好方法是前往圣所或神殿，在那里睡一夜，做个特殊的"梦"。现在仍有些专门释梦的书籍流传下来，其中一本大约是在公元前 1275 年由来自德尔麦迪那（Deir el-Medina）的抄书吏昆希尔科普舍夫（Qenhirkopeshef）编撰的，那里是在帝王谷修筑陵墓的工匠居住的小型村庄。这本书为 100 多种梦境提供了解释，作者把这些梦归为吉祥之梦或不祥之梦。吉祥之梦如："如果你看到自己在埋葬一个老人，那就很好，代表繁荣。"不祥之梦如："如果一个男人梦见自己和女人交欢，那是不吉利的，因为这代表哀悼。"埃及人几乎总是把做春梦看作坏事，尤其是对妇女来说，她们即便梦见自己和丈夫同房也属于凶兆。具有正面意义的女性春梦仅占少数，而且往往与动物有关，比如《卡尔茨堡纸草书 XIII》（*Papyrus Carlsberg XIII*）中记载的这种愉快的梦："如果她梦到和一只朱鹭亲热，她（将）获得一栋设施齐全的房子。"[3] 那名抄书吏作者，用象形文字"ad"（一张有腿的床）代表睡眠，再加上词语"rswt"（一只睁开的眼睛）表示梦境。如果直译，"rswt"的意思就是"醒来"。因此，梦的象形文字就是一张床与一只睁开的眼睛的结合。这个符号概括了埃及人对梦的看法：它是睡眠中一种清醒的状态——不仅是一种与神明交流、与来世沟通的方式，还是一种疗愈和引导自己生命的方式。

在希腊人的统治下，祭祀睡眠的神殿依然存在。和埃及人一样，多数希腊人认为神会通过梦来传递信息，指引人类。务实的哲学家亚里士多德在《论睡眠中的预兆》（*On Divination in Sleep*）一文中对这种观念提出了质疑，他认为梦更可能是人类基于过去的经验和思想产生的简单影像。尽管如此，梦的预言潜力在人们的信仰中依然十分强大：耶稣就在梦中预见过自己被背叛。罗马皇帝卡利古拉曾梦见自己站在众神之王朱庇特的宝座前，随后重返人间。他认为这是死亡的预兆。第二天，他就被刺杀了。

1590 年，马德里姑娘卢克雷西亚·德·莱昂（Lucrecia de León）被捕入狱，因为西班牙当局说她的梦境引起了"丑闻和动乱"。根据几位神父多年来的记录，卢克雷西亚做过大约 4000 个预知梦，梦中场景包括西班牙被英国和土耳其军队击败以及世界末日。在这之中，只有一个重要的梦成为现实：西班牙无敌舰队的覆灭。就连自己的亲生父亲都警告她："梦就只是梦而已，如果你相信这些梦是真的，我会大义灭亲。"最后，她被处以 100 鞭刑，并在女修道院里服务了两年。

有些梦在某些层面上看是神圣的，而放在婚姻中就不太和谐了。1666 年，伦敦大瘟疫肆虐，日记作家塞缪尔·佩皮斯将自己在幻想中与卡斯尔梅因夫人共度良宵这件事记录为"有生之年最美的梦"。佩皮斯的妻子伊丽莎白·德·圣米歇尔开始对他疑心重重，甚至在他睡觉时检查他是否有勃起的迹象。然后，他们的婚姻又受到佩皮斯现实中的行为干扰，比如他和受雇前来帮助伊丽莎白的女人德布·威利特之间的风流韵事。伊丽莎白在年仅 29 岁时死于伤寒，据说，这对当时 36 岁的佩皮斯造成很大的打击，从此他再也没有写过日记。

对梦境的记录，在 18 世纪的英国上流社会达到了令人目眩的高度。一个伦敦商人靠着他的"夜间记录器"发了财：一片羊皮纸，上面有水平指针，声称可以通过烛光记录梦境。[4] 19 世纪，一群新锐思想家重新认识到梦境对生命的引导意义，其中为首的是西格蒙德·弗洛伊德。在1900 年出版的《梦的解析》中，他认为梦是被压抑的欲望、恐惧和愿望的象征性表现，而这些欲望、恐惧和愿望往往太过痛苦，无法直接被体验或记忆，因此通过"审查机制"（psychic censorship）升华到我们的潜意识中。[5] 在他的分析中，他回顾了以弗所的占卜者阿特米多勒斯

（Artemidorus）的作品。这位占卜者在公元 2 世纪翻译了无数埃及人梦中的象征符号，例如：右手代表父亲、儿子或朋友；（不吉利的）左手代表母亲、妻子或情妇。卡尔·荣格也有一个著名的观点，即梦揭示了人们内心生活的秘密，并向做梦者展示出其个性中隐藏的一面。与他们同时代的学者阿尔弗雷德·阿德勒更喜欢把梦看作解决问题的工具，还进一步提出：你做的梦越多（或记住的梦越多），你现实中面临的问题就越多。

现代的睡眠研究者吉姆·霍恩（Jim Horne）提醒我们，梦不过是一些应该被遗忘的 B 级影片："梦只是一部我们把最近在清醒时遇到的、想到的东西东拼西凑成的超现实作品。"[6] 一些科学家推测，睡眠中的做梦阶段有助于人的身心恢复，也能巩固记忆。尽管如此，对一些人来说，梦境那自古流传的重要性是难以动摇的。凯利·布尔克利（Kelly Bulkeley）是一位宗教心理学家、"睡眠与梦"数据库的主管，也是"IDreamOfTrump.net"等梦境分析网站的顾问，他认为理解梦境的含义对理解生活的意义至关重要。

就像古埃及人所说，梦似乎偶尔能够激发灵感。法国哲学家笛卡尔声称，1619 年的某个晚上他做了一连串的梦，由此发现了新科学方法论的基本原则 —— 尽管我们也必须知道，阿拉伯博物学家海什木（Ibn al-Haythan）早他 5 个世纪就提出了该科学方法论。詹姆斯·沃森（James Watson）是 DNA 结构的共同发现者之一，他在梦中看到了一段螺旋形楼梯，这就是双螺旋结构的线索，尽管这可能是在他看到罗莎琳德·富兰克林（Rosalind Franklin）的 X 射线衍射图揭示的结构之后发生的事情。玛丽·雪莱说《弗兰肯斯坦》的创作灵感来自一段梦境。沮丧的漫画家埃尔热梦见了在西藏冒险的丁丁。乐手保罗·麦卡特尼在梦中构思出《昨日》（*Yesterday*）的旋律，虽然最初他只认为那是他童年记忆中的一首老歌。《终结者》系列的创意也是在导演詹姆斯·卡梅隆生病发高烧时，伴随着梦境一起来到他脑海中的。

在许多西方以外的社会，有大量的文学作品围绕梦境而展开。澳大利亚的原住民更喜欢睡得离亲人近一些，因为一个人的睡眠方式会影响他联系梦境的精神能力。[7]有些号称拥有"超能力"的人声称自己能进入强大的超自然领域，去往普通人无法抵达的地方。他们是通过睡在有特殊意义的地方，或是降临在他们的睡眠中的神启得到这种力量的。睡眠剥夺（Sleep deprivation）是一种在美洲原住民群体中进行精神启示和赋予权力的方法。在这种状态下，以独立视野进行探索的人会以一种灵魂出窍般的姿态开始他们的旅程。巫师可以闭上眼睛，让意识走得很远，把自己的肉体甩在身后。这些旅程与它们的实践者同在，是由文化知识、个人体验以及情感联系组成的矩阵的一部分，这个矩阵融合成了违背自然法则的经验。梦中的幻象，在许多西方以外的社会产生了强烈的影响，即使它并不总是那么引人注意。

"嘀嗒嘀嗒"

当然，做梦是我们漫长的睡眠过程的一部分。所有生物都有一个内在的"生物钟"——或者称它为"生理节律"——在每天运行着。人类的眼球后面有 2 万个不可见的神经细胞，记录包括光线在内的环境信号，以保持我们的生物钟时间准确。

20 世纪 90 年代初，美国国家心理健康研究所的精神病专家托马斯·韦尔（Thomas Wehr）将一组志愿者安置在一个试图模拟自然界、每天有 14 小时都保持黑暗的环境中，为期一个月。[8]到第 4 周时，志愿者们能够保持每天平均 8 小时处于睡眠状态，但睡眠并非完整而连贯的。

相反，志愿者们往往会在夜里躺在床上时保持一两个小时的清醒状态，然后在黑暗引发褪黑激素激增后迅速入睡。在经过三五个小时的睡眠之后，志愿者会醒来一两个小时，然后再睡三五个小时。韦尔把睡眠的间隔期描述为"非焦虑清醒"（non-anxious wakefulness），这近似于"冥想状态"，有着单独的内分泌规律，包括泌乳素水平升高，这是一种与哺乳期和性高潮相关的减压激素。韦尔认为，实验表明，这种"双相"睡眠模式是人类天生具有的夜间活动节律。

弗吉尼亚理工大学的历史学家 A. 罗杰·埃克奇（A. Roger Ekirch）对韦尔的研究结果感到震惊，他开始收集有关双相睡眠的历史文献。[9] 李维的《罗马史》和维吉尔的《埃涅伊德》（Aeneid）都以拉丁语著于公元前 1 世纪，其中记录了不少关于双相睡眠和多相睡眠的内容。到了中世纪，根据乔叟等作家的记载，英国人常常在傍晚就早早开始"初段睡眠"，然后醒来，可能吃点东西，再享受回笼觉，而这种二次睡眠可能要到凌晨时分才会开始。在睡眠的间隙 —— 英语国家似乎称之为"守夜"（watch/watching），人们可能会回忆他们梦见了什么、彼此交谈、吸烟、吃东西或行房（犹太典籍认为这时候有利于生育）。其他一些人则把这段时间虔诚地奉献给神灵。

许多宗教把清晨看作对精神世界而言意义非凡的时刻。例如，早在 6 世纪，本笃会的创始人、努尔西亚的圣本笃（Saint Benedict of Nursia）就要求他的修士在午夜过后起床吟诵圣咏。到了中世纪中期，天主教徒通常在清晨安静的时间里祈祷。这些虔诚的祈祷还有利于增强对抗魔鬼的能力，因为在西方的民间传说中，巫术和黑魔法在凌晨时分魔力最盛。1484—1750 年，大约有 20 万西欧妇女因被判定为女巫而惨遭杀害：她们的罪行之一就是在深夜无缘无故地外出游荡。所谓的"女巫时刻"（witching hour）首次出现在文献中是在 1883 年，指的是从午夜时分到凌晨 4 点之间的夜间时刻。显然，这在当时是限制女性自由活动的一种极佳的方式。有更多证据表明，男人会在"守夜"时进行一些不法的勾当。1680 年，安东尼·霍内克尔（Anthony Horneck）牧师哀叹当时的贼匪都在半夜起来抢劫杀人。一个世纪后，1775 年，J. 克莱顿（J. Clayton）牧师出版了毫无幽默性可言的《给穷人的友好建议》（*Friendly Advice to the Poor*），其中就"午夜狂欢的危险"向人们做出了警告。

对于其他人，尤其是对普通城市居民来说，半夜醒来更多是为了养活自己。17 世纪早期的作曲家奥兰多·吉本斯（Orlando Gibbons）为一首名叫《伦敦的呐喊》（*The Cries of London*）的街头歌曲填了词。这首歌以一个商人打开店门，高唱"上帝保佑你早安，我的客人，凌晨三点，一个晴朗的早晨"为开头。很快，商人加入了一群人的合唱队伍，唱出他们所有的在售商品，假装听众都是他们的顾客。这座城市凌晨 3 点就开始生机勃勃了。

如果多相睡眠曾是如此普遍的现象，那么为什么我们都忘了这回事呢？为什么没有更多的研究资料可供参考呢？也许是因为双相睡眠在那些时代太常见了，以至于没有人会专门研究它。17 世纪伟大的作家，如乔治·威瑟（George Wither）和约翰·洛克（John Locke），都把多相睡眠视作普遍的日常现象。洛克在 1690 年写道，"所有人的睡眠都有间隔"，却没有进一步论述。此外，在 17 世纪末，留下日记或其他可能与个人睡眠模式相关的记录的人数大幅增加 —— 早些时候，日记这种东西还是很少见的。到那时候，人造光和夜生活早已成为富人的时尚 —— 他们是留下各种生活记录的主要人群。因此，有一种结论是，多相睡眠与缺少人造光的时代有着某种特殊的联系，因为这种光线模糊了日与夜之间的界限。

人类学的研究能够解释这场争论吗？20 世纪，人们对于提夫人、查

加人和吉威人 [1] 三个非洲民族进行了研究。他们既没有工业，也没有电灯，仍生存在农业社会中。在这三个群体中，双相睡眠是很普遍的现象。[10] 直到 1969 年，生活在尼日利亚中部的自给自足的提夫人，依然遵循"初段睡眠""二次睡眠"这种传统的睡眠节奏。此外，一个由加州大学洛杉矶分校睡眠障碍中心的杰罗姆·西格尔（Jerome Siegel）领导的团队，对生活在坦桑尼亚、纳米比亚和玻利维亚的三个互不干扰的狩猎-采集型社会部落进行了研究。在不同的情况下，研究人员几乎都找不到当地部落成员夜间发生多相睡眠的证据，但有证据表明，他们在白天，尤其是夏季，会出现午睡的情况。他们还发现，这些部落成员平均每晚只睡 6 小时左右，少于现代西医一般推荐的 8~9 个小时。但是，这并没有对他们的健康造成不良影响，如产生肥胖、糖尿病或情绪混乱等后果，而科学家经常把这些问题与睡眠不足联系起来。西格尔的研究团队据此认为，连续睡眠约 6 个小时似乎代表了"人类的核心睡眠模式，这极有可能是前现代时期智人的特征 [11]"。

任何现代人类群体，无论多么与世隔绝，都不是一成不变的通往过去的入口。没有任何一个接受过研究的人类群体能活在隔绝于工业世界的原始且未经开发的史前时代。人类学领域的先驱有时也会研究对西方人或现代科技闻所未闻的群落，但这些人除了偶尔提到谁跟谁睡了、什么时候睡了以外，从没有提及任何睡眠问题。而且，他们认为睡觉这事太平凡了，根本就不值一提。出生于波兰的人类学家布罗尼斯拉夫·马林诺夫斯基（Bronislaw Malinowski，1884—1942 年）曾在太平洋西南部的特罗布里

---

[1] 提夫人（Tiv），生活在尼日利亚东南部的民族。查加人（Chagga），坦桑尼亚的第三大民族，母语为班图语。吉威人（G/wi），一个由大约 2000 人组成的非洲闪族人社会，生活在博茨瓦纳的卡拉哈里野生动物保护区及其附近，被称为"丛林人"。——译者

恩群岛（Trobriand Islanders）的居民中生活了很长一段时间，在他的日记中常出现的一句话是"去睡了"。但在他睡觉时，岛民们却毫无睡意，仍在谈天说地。这又是一个人类学家与其研究对象之间的睡眠观点存在差异的经典案例。虽然马林诺夫斯基忠实地描述了他们睡觉的小屋的样子，但几乎没有写到他们的床和睡眠习惯。他注意到，睡眠是危险的时刻，因为可能会被敌人突袭，也极易受到巫术的伤害。其他早期的人类学家，如曾研究尼罗河流域努尔人牧民的阿尔弗雷德·拉德克利夫 - 布朗（Alfred Radcliffe-Brown，1881—1955 年），也做过类似的观察。

归根结底，每个社会都以不同的方式教导年轻人应该如何睡觉，因为睡眠既是一种生理现象，也是一种文化现象。此外，智人非常擅长适应环境。我们总是有各种各样的办法处理任何事情，我们不能认为所有人类都是按照同样的方式睡觉的。虽然在针对非工业社会的少数人类学研究中，双相睡眠似乎是占主导地位的睡眠模式，但它也很可能不是唯一的睡眠方式。尽管如此，我们对双相睡眠模式的倾向，或许能够解释现代人正在面临的一些睡眠问题为何存在。

工业化睡眠

在我们这个被日程表支配的现代世界里，一个完整的产业应运而生，它致力于帮助我们入睡，又让我们按时醒来。第一种现代安眠药是在 1903 年研制成功的，这是一种合成的巴比妥酸盐，通称"佛罗拿"（Veronal）。到 1930 年，美国人每年服用巴比妥类药物的数量超过 10 亿剂。2013 年，美国疾病预防控制中心出具的一份报告称，有 900 万美国人（占美国成年人总人数的 4%）使用处方安眠药。据估计，2014 年，全球范围内在辅助睡眠上的总支出约为 580 亿美元，预计到 2023 年将增至

1000 亿美元以上。令人痛苦的是，这些药片往往只能延长 20 分钟的睡眠时间，而且还有很多副作用，小到提高跌倒的频率，大到提升痴呆的风险。

然而，为不良的睡眠状况施加补救措施也不是什么新鲜事了。罗马皇帝瓦莱里安（Publius Licinius Valerianus，公元 253—260 年在位）是由缬草（Valerian，以他的名字命名）制成的混合药物的拥护者。鸦片是另一种长期流行的药物。古埃及的医学莎草书建议人们把鸦片、薰衣草和洋甘菊混合起来使用。16 世纪，一名法国医生建议人们让吸血水蛭在自己耳朵后面吸出一个洞，再塞进一粒鸦片助眠。那个年代，大多数富有的失眠症患者更喜欢选择一种更加省事的方法，即饮用将鸦片和经过稀释的酒精混合制成的鸦片酊。在 19 世纪的欧洲和美国，占主导地位的助眠剂是一种酒精、糖和鸦片的混合物，被称为鸦片酒（或鸦片酊），这种类吗啡混合物通常比杜松子酒或葡萄酒更便宜。酒精本身也能用于助眠：很多德国人睡前会喝一小口含酒精的"睡眠饮料"。

随着工业革命的推进，睡眠辅助物的种类也呈指数级增长。人类进化论者可能会把这些药片看作人类适应力的另一种表现：我们需要它，因为工业资本主义把我们塞进了一张严格的时间表里。我们中的大多数人必须按时起床上班，这往往需要走出家门，还必须遵循固定的工作时间。用记者阿丽安娜·赫芬顿（Arianna Huffington）的话说，随着工业化的发展，睡眠"成了另一种被尽可能开发的商品[12]"。这种文化灌输在儿童时期就开始了：5 岁的孩子被迫按时起床上学，如果迟到就得接受处罚。作为美国开国元勋之一的托马斯·杰斐逊不是一个坚定的工业化拥护者，他认为，教育普及是民主共和国必备的关键条件，但正如现实中那样，这也方便下一代为时刻承受工作场所残酷的时间表压迫做好准备。

这种灌输意味着如果我们在凌晨醒来，遵从自然的双相睡眠模式，可能会立刻陷入恐惧：该怎么面对这马上就要到来的一天呢？我们中的数十亿人选择吃下安眠药，剩下的那些会继续焦虑不安。然而，在怀表、工厂花名册和火车时刻表出现之前，睡眠是没有时间表的。唯一的结果仅仅是，上床的时间越晚，醒来的时间就越晚，二次睡眠的时间也会随之向后推。例如，在乔叟的作品《侍从的故事》（*The Squire's Tale*）中，鞑靼国王的女儿卡纳西（Canacee）在"黄昏后不久"就入睡了，之后在初段睡眠后的清晨醒来，而她的旅伴们则熬到很晚，然后一觉睡到天亮。

工业时代带来了一种新的诱惑：夜晚摇身一变成了灯火通明的游乐场。这并不是说照明设备是种新兴事物。在罗马帝国的以弗所和安提阿已经出现了街道照明设施。公元 9 世纪，西班牙南部的科尔多瓦也装上了一些照明设施，但这种照明设备直到工业革命时代才开始普及。价格低廉的煤气灯和电灯的推广意味着到 19 世纪后期，晚睡不再是有钱人的特权。加州大学伯克利分校的睡眠研究员马修·沃克（Matthew Walker）认为，由明亮的夜晚导致的对睡眠的抗拒，正在使我们发胖、生病和抑郁。[13]

过去，黑暗笼罩着夜晚。作为考古学家，有些工作会把我们引向极其偏远的地区，让我们进入没有电力的世界体验一番。当我们在也门红海平原的一个偏僻地区挖掘某个考古点时，典型的夜晚场景往往是这样的：我们围坐在篝火旁直到夜幕降临（在冬天天黑得很早），然后我们会意识到夜晚实在太黑暗了，于是打开手电筒；大批飞虫以末日降临之势被灯光吸引过来；关掉手电筒；想起我们无论如何都必须得在凌晨 5 点钟跟太阳一同起床；回到安全的帐篷里睡觉。在我们的现代世界里，夜晚带来的压迫感有时会被遗忘。在英语中，黑暗曾经有个专属的称呼——"夜季"（night season）。即使是在中世纪欧洲的大城镇里，旅行者也会雇请灯夫来为他们领路。在伦敦，这些人被称为"接引伙计"（link boys）。他们手持熊熊燃烧的火把照亮道路，扮演引路人的角色。[14]

直到 1667 年，在法国路易十四的统治下情况才开始改变。他的王室政府开始在巴黎的街道上安装油灯，到 1670 年，共安装了 3000 盏；到 1730 年，这个数目又翻了一番。17 世纪末，已经有超过 50 个欧洲城市仿效了巴黎。1807 年，伦敦的蓓尔美尔街（Pall Mall）成为第一条被煤气灯照亮的城市街道。到 1823 年，近 4 万盏街灯照亮了总长约 320 千米的伦敦街道。

公共照明彻底改变了城市生活。灯火通明的街道保护了那些过去在黑暗中走出家门就会成为潜伏的强盗的猎物的人。有史以来第一次，在发展迅速的城市里，各种社会阶级都可以尽情地享受夜生活，进行社交活动直到深夜。喧闹的夜晚狂欢者也引发了他们自己的问题，因为深夜的酒店和酒吧往往会成为激起公众愤怒的焦点。出于这个原因，以及更多其他的原因，伦敦在 19 世纪上半叶出台了最早的职业警察制度。渐渐地，睡眠时间变得更安全，人们也得到了更好的保护。尽管我们现代人有很多睡眠问题，但安全感确实有利于睡眠，这就是为什么睡眠研究人员发现宠物猫和家养马在屋子里或是在马厩里受到保护时的睡眠时间会更长。[15] 也许，我们这些现代人所承受的睡眠损失，可以用那些被遗忘的收获补偿。

避免睡觉实际上能提高工作效率，这是什么观念？许多领袖人物声称他们几乎不需要睡眠，其中包括玛格丽特·撒切尔、比尔·克林顿等人。我可以再次引用阿丽安娜·赫芬顿的话："晚上不睡觉成了……一种力量的象征，一种衡量男子气概的方式以及最大限度的效率。"然而，这种"男子气概"并不完全是现代的特质，因为世界上每个单一文明（或每个留下书面记录的文明）都是父权制的，即由男性统治。"男子气概"最早可以追溯到美索不达米亚古文明。

历史上一些伟大的军事将领也因为身为短眠者而受到钦佩，包括亚历山大、汉尼拔和拿破仑。温斯顿·丘吉尔也许是最著名的短眠领导人，人们相信他只需午睡片刻就能维持精力——此后，一些科学家认定午睡是人类固有的生理节奏的一部分。丘吉尔建议说："有时你必须在午餐和晚餐之间睡一会儿，没有折中的办法。""脱衣服睡觉去吧，我总是这样。不要觉得你会因为在白天睡觉而少做工作……你能干完更多的事情，而且事半功倍……当战争打响，我就必须在白天睡觉，因为那是我唯一能履行职责的办法。"[16] 正是这种习惯使他很晚才睡，而且只睡大约 4 个小时，他的属下因此深感困扰。丘吉尔不仅在床上睡觉，还在床上做出重大决策，接见将军和大臣，规划出击败了希特勒的战略。

其他精力充沛的名人也有自称为短眠者的。据不可靠消息，莱昂纳多·达·芬奇在创作《蒙娜丽莎》时一天只睡两个小时，而且他把睡眠拆碎，每隔四小时就打一刻钟的盹儿。本杰明·富兰克林发明了一句让人扫兴的短语："早睡早起身体好，让人更富更聪明。"但是，据他本人的日记记载，他其实睡得挺多，一般是从晚上 10 点一直睡到早上 5 点。伏尔泰每晚睡 4 个小时，但毫无疑问，这是他每天喝 40 杯咖啡养成的习惯。随着工业时代到来，咖啡消费量的大幅增长绝非巧合。

大多数人如果没有足够的睡眠就会很难受。例如，众所周知，只需少量睡眠的温斯顿·丘吉尔深受抑郁症"黑狗"之苦。然而，虽然这种情况非常罕见，但确实有极少数人平均每晚只睡大约 5 个小时，却没有对健康造成任何不良影响。这些被称为"天生短眠者"的精英往往生性积极乐观。相比之下，长时间的睡眠往往与心情低落有关。托马斯·爱迪生就是历史上的天生短眠者之一，相较于其他人而言，双相睡眠对他来说更加没有必要。据说他经常睡在办公室里的一张简易小床上，或者干脆睡在办公桌旁边的地板上，每晚只需睡 4 个小时。他瞧不起那些需要更多睡眠的人，年过八旬后，他还在《纽约时报》上发表文章说："未来的人类会在床上花更少的时间……在古代，人们日出而作，日落而息……100

万年后，人类根本不用睡觉。说真的，睡觉这件事很荒唐，是一种坏习惯……世界上没有比睡得太多更影响人的工作效率的事情了。"[17]

可以预见，在我们这个被时钟驱使的时代，早起被吹嘘成人们追求名声、获取财富的关键。1859 年，"青年早起协会"成立，其成员声称，他们的成功归功于清晨。他们的观念在今天一场名为"奇迹早晨"（Miracle Morning）的网络运动中得到了回应，这场运动的领导者是热情洋溢的流行音乐节目主持人、作家哈尔·埃尔罗德（Hal Elrod），他倡导粉丝们在早晨 5 点起床，感受非凡的创造力。为了以此进行研究，我们亲身实践了他的提议：确实有效。我们从未感到自己的工作效率如此之高，但这只是在实践的第一周。在那之后，我们就感到了疲惫。我们不再参加夜晚的狂欢，因为床在呼唤我们。如今，我们成了《闲人》（*The Idler*）杂志的编辑汤姆·霍奇金森（Tom Hodgkinson）的信徒，他写了几本关于懒散生活的书，他的人生哲学提倡人们在床上多躺一会儿，多享受生活。

但是，我们到底应该在床上躺多久呢？2002 年，斯克里普斯睡眠研究中心（Scripps Sleep Center）的丹·克里普克（Dan Kripke）领导了一个涉及超过 100 万北美人的大型研究项目，目的是确定人的最佳睡眠量。他的报告显示，每天睡 7 个小时左右的人死亡率最低（这是当时美国人睡眠时间的平均值）。[18] 到 2017 年，英国睡眠委员会的《大英就寝时间报告》显示，74% 的英国人睡眠时间不足 7 小时，12% 的英国人睡眠时间低于 5 小时，30% 的人说自己"大多数晚上的睡眠质量都很差"。我们很难找到能解决这一切的办法，但我们也希望每个人都能找到一种重返前工业化时代的方法——为自己而工作，掌握自己的睡眠时间。那些意识到自己的自然睡眠模式是双相睡眠的人可以放心地在晚上醒来，做自己想做的事，而不是伸手倒出安眠药，或是在闹钟的每一声"嘀嗒嘀嗒"中胆战心惊。毕竟，我们可以在床上做很多事情。

第三章

"大爆炸"

公元 64 年，罗马皇帝尼禄与他的第五位配偶结了婚。尼禄扮演了一位羞答答的新娘，而他的"丈夫"是获得自由的奴隶毕达哥拉斯（Pythagoras），也可能是多利福罗斯（Doryphorus），文献对此存疑。但可以肯定的是，这是一场丑态百出的婚礼。古罗马史学家塔西佗愤怒地写道："尼禄，那个以每一种合法的或不合法的放纵行为玷污自己的人，从不放过任何可憎的机会来让自己堕落。就在几天前，他屈尊和那个名叫毕达哥拉斯的污秽之人结婚，婚礼仪式甚至样样俱全。新娘的面纱遮住了皇帝的脸，人们看到了主婚人、嫁妆、长榻（床）和婚礼上的火炬。"[1]

在古罗马时代，婚姻的作用是传宗接代，延续男人的血脉。妻子产下的最好是男孩，这样他们就可以继续在军队或海外领土的管理部门中服役。同许多其他社会一样，对希腊和罗马社会中的显赫家庭来说，他们的子嗣也是政治游戏中的棋子。对男人而言，与配偶行房是一项应尽的义务，而对他们的妻子来说生育子嗣也是一样。夫妻双方的生殖能力确保了世袭制度的传承，整个帝国的延续都依赖于生育。哲学家穆索尼乌斯·鲁弗斯（Musonius Rufus）在被尼禄放逐之前，一直在讲授斯多葛派哲学。他也认为，人类之所以有生殖器，要结婚，唯一目的就是传宗接代，确保人类的繁衍生存。[2]

自 30 多万年前第一批智人出现以来，人类的性行为基本没有什么变化。尽管存在个体差异，但是，我们与旧石器时代的艺术家、埃及法老或维多利亚时代的贵妇一样，都有生理冲动。人类处理这种冲动的方式千差万别，从克制内敛到堕落放荡，还有兼于两者之间的一切。谁可以和谁睡，为什么睡，怎么睡，这些问题的答案因社会背景的不同存在很大的差异。人类的床，目睹了许许多多滑稽古怪的事情。

仰睡

在第一章我们提到，埃及宰相梅汝卡的墓室中的壁画描绘了他牵着妻子的手走向婚床的情景。[3]接下来肯定是一番云雨，但这种行为的目的是让妻子受孕。在一个突发疾病随时可能夺走统治者生命的时代，性对于法老和高级官员来说是一种极其严肃的消遣。如果没有继承人，危机会接踵而至。宫廷是一片充斥着阴谋、算计和反抗的泥沼，是官吏的邀功争宠之所，各路阴谋家都在法老的传宗接代这件大事上下了大注。埃及的墓室艺术家从没有在作品中暗示过性，除非是以最正式的方式，这是对埋葬在那些宏伟陵墓里的人的威严和崇高的体现。目前我们只发现了唯一一处以象形文字描述夫妻生活的例子，它在贝尼哈桑（Beni Hasan）的一个埃及中王国时期的陵墓中，但已因好奇的游客们长期以来的触摸而被抹去。然而，在许多墙头涂鸦以及一张被称为《图灵情欲莎草书》（Turin Erotic Papyrus）的古老莎草纸上，有许多关于性行为的非正式表述，似乎描绘了某家拥有各种性道具的妓院中的场景，这些性道具中甚至包括一辆二轮战车。

与其他前工业文明（或至少是那些有文字记载且该种文字已被破译的文明）一样，埃及的社会组织也以男性为中心。由于财产和土地要从父亲传给儿子，所以男性血统的纯正必须得到保障。生子是由女人完成的，这一事实对于各种秩序的稳定而言是一种令人不安的威胁。因此，必须控制女人，必须控制她们的性行为，而"婚床"就是一种重要的控制手段。

对美索不达米亚的苏美尔人来说，婚姻是一种商业交易。[4]在他们的语言中，"爱"的意思是"划分土地"。一对夫妇在结婚前要草拟合同，双方的家庭需要分别支付嫁妆和彩礼。婚礼和婚宴结束后，新娘会立刻跟随她的丈夫搬到公婆家中。随后，在对新娘是处女以及她会顺利怀孕的期待中，新郎会和新娘同房。如果这些步骤中的任何一个被忽略或是没能顺利执行，这段婚姻可能就会被判无效。

希腊人和罗马人在婚床上正式确立了男性与女性的角色。中上层阶级的父亲会以一家之主的身份为女儿精心安排婚姻，或为其正式任命监护人。色诺芬在他的著作《经济论》中写到实用主义者伊斯霍玛霍斯（Ischomachus）对他14岁的新娘说："我们不难找到其他人和我们同床，但是，我为我自己考虑过，你的父母也为你考虑过，谁才是我们能得到的、对家庭和孩子而言最好的伴侣。我选择了你，而看起来你的父母也把我看作最佳人选。"[5]

即使是罗马女孩的童贞，也只有三分之一属于她自己，剩下的三分之二则属于父母。她的父母会把她交给未来的女婿，附带适当的嫁妆。罗马妻子的责任重大，一踏进丈夫的门就要立即履行职责。人们期望她忠贞不渝、洁身自好、生儿育女、承担家务，还要会纺线织布。生育力强、擅长持家的女人会受到极大的尊敬。"玛德罗娜"（madrona）这个词指的是一夫一妻制中的妻子，她的根本任务就是生孩子，而且最好是男孩，这样他们长大就可以在罗马帝国的军队中服役，或是在民政机构任职，并保证家族血统延续不衰。公元前1世纪的诗人卡图卢斯（Catullus）在一首婚礼诗中写到，新婚之夜应该孕育士兵，保家卫国。而与他同时代的普罗佩提乌斯（Propertius）却愤世嫉俗，养大儿子后断然拒绝让他们成为士兵。

在奥古斯都皇帝统治的时代，妇女的法律地位与儿童和奴隶一样。她们从属于她们的父亲、兄弟和丈夫。性和生育是妻子的责任。她们究竟喜欢不喜欢这种职责仍是个谜，但在通常情况下，尤其是对那些厌倦了反复怀孕的女性来说，这一定是她们仰卧在床时会在内心思考的关于罗马的问题。性是罗马宗教的核心，也是国家的中心。律师兼政治家西塞罗曾写到所有生物共同具有的生殖本能，夫妻间的结合是"公民政府的基础，是孕育国家的温床[6]"。尽管儿女都受制于罗马帝国的父权制，受制于他们的父亲作为家族首领所享有的权力，但早期的罗马帝国确实还存在一些受过教育的"不受约束的"妇女。她们虽无权投票，也不能从政（除了担任神职"维斯塔贞女"），却可以发挥，也确实发挥了她们的影响力。西塞罗才刚和他激进的妻子特伦蒂亚离婚，就有人问他是否会再婚。他回答说，他不能同时应付哲学和妻子两大难题。但是他很快就收回了这句话，因为他必须还清前妻的嫁妆，而唯一能让他负担得起的办法就是再娶一个。

西塞罗和他的妻子，就像大多数富裕家庭的夫妻一样，很可能共用一间卧室。这些卧室通常是方形的，在房子的一楼或二楼，面向开放的庭院。窗户很小，不一定是为了保护隐私，而是因为罗马的房屋结构一般都很简单，有着石质门楣或是高度适当的砖拱。房间里最重要的家具是床，这是房子里唯一相对隐蔽的地方，用于睡觉和行房。多数优质的床都是用木头做的，而更昂贵的那些会饰以金属制品。这些床一般都采用轻型结构，这意味着它们几乎没法保留下来。今天，我们主要从赫库兰尼姆（Herculaneum）和庞贝的雕带，以及其他地方的绘画或浮雕中了解这些床。这种罗马床通常有三条边，是一个有腿的矩形盒子，第四条边则是开放式的，便于人们爬上床。有些床会将其一端设置成倾斜的结构，用来支撑枕头。"莱克顿"（lectum）是一种式样相对简单的家具，但在富裕家庭中却得到了相当的重视。它由传统的古希腊床和长榻发展而来，式样与其大同小异。

欧洲中世纪的妇女地位差别很大。有些地位较高，比如阿基坦的埃莉诺（Eleanor of Aquitaine，1122—1204 年），富有而有权势，又如修道院院长和宗教团体的管理者这样大权在握的女性。尽管存在许多细微差别，但实际上还是丈夫掌握着婚姻中的控制权，这在上流社会的家庭中体现得尤其明显。在都铎王朝时代，英国女孩在成为丈夫的"财产"之前一直是自己父亲的"财产"。某天清晨，威廉·罗珀爵士去拜访政治家托马斯·莫尔爵士，希望能娶他的一个女儿为妻。莫尔把他带进自己的卧房，他的两个女儿正在一张矮床上酣睡。他一把掀开被单，两个姑娘躺在床上，罩衫卷到腋下。当她们矜持地扭转身体时，威廉爵士说："好，前后我都看到了。"他轻拍其中一个的屁股，宣布她已经属于自己了。但是，那两个姑娘对这件事的态度并没有被记录下来。[7]

在莫尔的时代，来自上流社会的新婚夫妇的圆房过程是宫廷里的一种公开仪式。在包办婚姻的时代，这种婚姻往往具有重大的外交意义，它的圆满象征着坚不可摧的政治联盟。婚宴结束后，侍女们会脱掉新娘的衣服，把她放在床上。其后，新郎会在随从，有时还有乐师的陪同下穿着睡衣进入卧室，牧师会对他们的婚姻进行祝福。床帐被拉开，某些情况下，这些见证人要等到目睹这对夫妇赤裸的腿相碰触之后才会离去，而旁观者往往会逗留更久，直到耳中出现某些颇具暗示性的声音。第二天早上，沾着血渍的床单可能会被展示出来，作为婚姻圆满的证明。

封建时代的人希望新娘保持贞洁，但并不是每次都能如他们所愿。令人信服的"出血"方法有很多，包括偷偷用一小块浸透血液的海绵擦拭下体。在后来的 19 世纪，欧洲和美国的妓女都想通过证明自己的清白来赚更多的钱（也暗示自己没有性病）。她们会使用吸血水蛭甚至玻璃碎片来制造血渍弄脏床单。

　　根据传统的观念，最般配的伴侣往往在年龄、社会地位和拥有的财富上都大致相似，称得上门当户对。然而，有时候二婚的伴侣年龄会相差较大。1514年，52岁的法国国王路易十二再婚，对象是英国国王亨利八世年仅18岁的妹妹玛丽。婚后三个月路易就去世了，显然是在床上劳累过度。毕竟，与性的吸引力或浪漫的爱情比起来，让王朝世代延续重要得多，因此很可能很少有王室夫妇如此热衷于房事。贵族和皇室的婚姻是很早就计划好的：英国亚瑟王子（公元1486—1502年）与西班牙阿拉贡的凯瑟琳订婚时只有2岁，而女方只有3岁。在17世纪的英国，"床"这个词与"婚姻"的概念紧密联系，因此构成了其法律定义的一部分。床也是用来描述婚姻状况的简略表达方式。如果婚姻中的一方犯了通奸罪，就会被认为"玷污了伴侣的床"，而被冒犯的一方则可以"把对方踢下床"。

＊　＊　＊

　　古代中国的婚姻通常是经过正式安排的，就像房地产交易一样：中间人负责确定双方的财产往来和交往细节，新郎只有在谈判结束后才能去拜见新娘的父母，拜见过后，新娘会和他一起回家，而婚宴几乎就在当晚举行。婚宴结束后，这对夫妇会进入"洞房"完成结婚仪式。第二天早上，人们同样希望能看到新娘拿出带血的床单。一旦结婚，就有很多女人除了吃饭和睡觉的时间之外，基本见不到她们的丈夫。8[1]

　　床帐似乎对大户人家的妻子有着特殊的重大意义，象征着她们与丈夫之间那条维系终生的纽带。富人们花钱买来绣有仙人图案的昂贵丝绸床帐，用它们创造一间"房中房"，既能驱虫御寒，又能在供几个人睡觉的大房间里提供一定程度的私密性。在《女史箴图》中就出现了带床帐

---

[1] 本段描述与我国真实情况不符，这是外国学者不了解中国文化传统的体现。——编者

的床——一张由四根床柱支撑着轻薄床帐的四脚平台。

中国古代的朝臣和法老王朝的官吏一样，都严格管理着皇帝的性生活，并将其记录在《起居注》上。宫中的嫔妃向皇帝争宠是家常便饭，而她们与皇帝的接触需要太监加以安排。一旦皇帝决定临幸某个嫔妃，她就会被赤裸地裹在金色丝绸里，抬进皇帝的寝宫，放在龙床上。除了选择嫔妃侍寝，皇帝在农历的每月十五还得和皇后独处一晚。即便在那时，宫里的方士和御医也会告诉他该何时同房，以求皇后诞下龙子。这种规定严格的同房次数之多令人印象深刻。

＊　＊　＊

维多利亚时代的英国，表面上是体面优雅、举止端正的典范，实际上却充满了几百年的成见和禁忌。那时的性是被禁止谈论的话题，这件事纯粹是为了生孩子，而且被严格地限制在自家的卧室中进行。女性永远被期望能保持贞洁。基督教的最终典范是复制出"处女生子"的圣母马丽亚。如果被发现仅仅为了享乐而私通，那会是名誉上极大的污点。对私通的惩罚是十分严厉的，而且会在大庭广众下施行。"私生子"的耻辱仍然非常真实。清教徒的教义在英国和大部分欧洲社会引发了共鸣。

在维多利亚时代，男同性恋被认为是一种疾病，而女同性恋甚至被斥为荒唐之事，被当作不可能存在的事情。性教育在那时闻所未闻。维多利亚时代的虚构形象"格伦迪太太"（Mrs. Grundy）的诞生更是强调了传统观念，卧室仍然被认为是毫无乐趣的生育场所。[9]

然而，尽管在世界上的多数文明中都能发现父权制的确立，但在一些文化中，女性在床上的地位是高于，至少是等于男性的。大约一个世纪前，作为他那具有开拓性意义的人类学研究的一部分，人类学家马林诺夫斯基对特罗布里恩群岛的岛民的性生活进行了研究。这里是一个母系社会，像美国印第安部落的霍皮人（Hopi）和易洛魁人（Iroquois）一样，他们把孩子和财富留在母亲的家族里。[10] 他们鼓励妇女在追求或拒绝情人时要有主见，掌握支配权。他们没有正式的结婚仪式，相反，年轻夫妇会直接同床而眠。如果他们想结婚，女孩就会收下男方送的礼物（山药是最受欢迎的），她的父母也会认可这段婚姻。离婚也很容易，由双方共同商定即可。如果男人想和女人复合，他会用更多的山药和其他礼物讨好她，但回不回去则由女方说了算。孩子被认为是魔法的产物，受孕是某个祖先的灵魂进入了女人的身体，这种观念尤为常见。孩子出生后，母亲的兄弟会把家中收获的山药送给她，这样孩子就等于是被自己母系家族的作物养大的。从七八岁起，男孩和女孩就开始玩性游戏，以此作为和同龄朋友一起了解生活的一种方式。实际的性行为大约在四五年后开始。大多数村庄里都有一间被称为"布库马图拉"（bukumatula）的特殊小屋，里面的床（没有太多相关的细节描述）专供婚外性行为使用。但是，不是所有的自由恋爱都是混乱无序的。马林诺夫斯基谨慎地描述了这种邂逅的规则，包括偷看其他情侣亲热在当地也属于不礼貌的行为。

神圣与亵渎

美索不达米亚早期的经典文学作品《吉尔伽美什史诗》（*The Epic of Gilgamesh*）将性活动描述为生活在地球上的人们的一大乐趣。生育和智慧之神恩利尔（Enlil）与女神宁利尔（Ninlil）的新婚之夜极尽缱绻："洞房里，撒满鲜花的床，香气就如雪松林一样令人心旷神怡。恩利尔，生育和智慧之神，与妻子云雨交欢，欲仙欲死。"[11] 虽然婚姻是由家族安排的，美索不达米亚人依然欣赏浪漫的爱情，留下了许多关于人们坠入爱河的颂歌。比如《睡吧！我想把我的宝贝拥入怀中》（*Sleep Begone! I*

Want to Hold My Darling in My Arms）就是一首以爱情为主题的诗歌。

美索不达米亚人显然享受交欢，但他们的性行为并不总发生在床上。约在公元前 2000 年大量生产的苏美尔陶板上的绘画栩栩如生，其中有些陶版画展现了当时男女之间发生在各种场合的各式各样的性姿势。据某位专家说，这些陶板是当时流行文化的一部分，无论是男人、女人还是小孩都可以观看。

尽管法老治下的埃及人品德端正，但他们仍有许多短语和词语来描述性行为，包括委婉的"与之共眠"，比较热烈的"一起享乐的人"，甚至还有"但愿他被驴睡！"这样的诅咒。对于展示男性器官，他们也不像今天的人那样避讳，而是将其当作生育力的象征。19 世纪的考古学家在挖掘尼罗河三角洲的港口瑙克拉提斯（Naukratis）遗址时，惊奇地发现了数百个色情小雕像，其中许多都有硕大的阴茎。人们认为这些小雕

庞贝妓院墙上的一幅情色壁画

像不适合展出，于是将其深藏在博物馆的储藏室里。那次考古的发现还包括一个幼年荷鲁斯的石灰石小雕像，他的阴茎如此硕大，就像一柄遮在他头上的巨大香蕉阳伞。后来，在古埃及晚期（公元前664—前332年）的一些其他城镇遗址（尤其是位于尼罗河三角洲的那些）出土了许多类似的"瑙克拉提斯小雕像"——这是考古人员使用的委婉称呼。几乎可以肯定，这些雕像被用于某些庆祝丰收的仪式，比如庆祝尼罗河泛滥的"醉酒节"（Festival of Drunkenness）。

古罗马的著作中也大量涉及对床第之欢的描写。有一则关于爱神丘比特和灵魂女神普赛克（Psyche）的著名神话，讲述了普赛克对自己的床的迷恋、对夜晚的爱以及对白天的恐惧。她已与丘比特订婚，却被禁止看见他的脸。她精心打扮，为新婚之夜做好准备，躺在一张铺裹着精美面料的床上等待自己的新婚丈夫。从此之后，每天晚上她都会与丈夫共赴巫山，极尽缱绻之乐。她发誓绝不在白天与自己的爱人相见，目睹他的面容。然而，一天早上，她屈服于诱惑，背弃了誓言，丘比特因此弃她而去，永不复返。即使是在包办婚姻中，人们有时也能从墓志铭中了解到存在其中的伟大奉献精神。屠夫卢修斯·奥里利乌斯·赫米亚（Lucius Aurelius Hermia）和他的妻子奥雷利亚·腓利美提姆（Aurelia Philematium）都是希腊血统的自由奴隶，生活在公元前1世纪的罗马。他们在腓利美提姆7岁时相遇，一起生活了33年。出于一些偶然因素，他们的碑铭得以保存，如今被收藏在大英博物馆里。在墓志铭中丈夫写道："今生离我而去的伴侣，身体纯洁，灵魂可爱。她是我生命中的唯一。"而妻子写道："唉，我失去的那个人，对我来说，真的，真的不只像父亲一样。"[12]

中国人对发生在卧室里的性行为非常理智，几乎是教条式的，指导他们的是特定的期望和特殊的指示。东晋时期的道教哲学家葛洪在公元4世纪写道："夫阴阳之术，高可以治小疾，次可以免虚耗而已。"[13] 2000

多年来，道家的"道法自然"学说支配着中国的思想与社会。道教的基本哲学思想是人类与天地万物共荣共存，从而获得长寿和幸福。人人都必须追求一种和谐的互动："阴"是一种被动的力量；"阳"是一种能动的力量，一阴一阳之谓道。

只要有能平躺之处，就会有性行为的发生。中国的床原本是让人们坐下或睡觉的垫子。公元200年左右，佛教的传入让"睡觉的平台"在中国流行起来，因为人们相信佛陀就坐在高台之上。这种平台很快就得到了追捧，成为贵客和高官的专属座位。床变得更加精致了，填料优良的垫子为它提高了舒适度。考虑到中国的冬天非常寒冷，睡眠者也很看重床的温暖程度。在史前时代，人们常常在泥土地上烧一堆火，扫去灰烬，在余温尚存的地面上铺好席子。到公元前100年，中国的许多家庭里都会有一种名为"炕"的高台，台下建有火炉。女眷们的白天大多是在炕上度过的。在炕上可以进行各种活动，包括性行为。

* * *

信奉印度教的印度人也认为性是一种神圣的宗教职责，是一种可以提升自己的"业"，让自己的灵魂在轮回转世时能够上升到更高层次的愉悦方式。《爱经》（*Karmasutra*）约编著于公元前600年，在当时的印度，商人阶层的重要性逐渐提高，他们的财富也日益累积，这让他们对自身社会地位的认知随之加深，并开始在宗教以及社会领域内寻求正当的行为方式。"业"是一种个人的追求，是一种以自我为中心的事物，通常带有严酷的现实主义色彩。这本最著名的性手册出现的时机，正是印度教徒意识到"性"不仅仅是调情和性交技巧的时刻。[14] 16世纪的阿拉伯人也有一本类似的书，名为《灵魂娱乐的芳香花园》（*The Perfumed Garden for the Soul's Recreation*），作者纳夫扎伊酋长（Sheikh Nefzawi）在书中一本正经地研究了所有标准的性交姿势，结果总计只有11种。

在中世纪的欧洲，普通人一般睡在公共空间，比如在地板上或土地上，但这不一定会影响性行为的体验或频率。教会法庭的记录打开了一扇通往中世纪的窗户，让我们看到了不同的世界。那时，教会负责用条律规范个人道德。当时，大量性活动发生在露天场合，可能是在茂盛的草地上，也可能是在某些会让人感到舒适的地方。只有享有特权的人才能共享一张高于地面的床。神话中，8世纪的英雄人物贝奥武夫（Beowulf）在拜访丹麦国王赫罗斯加（Hrothgar）的"米德大厅"（great mead-hall）时脱下头盔，放下武器，爬上了那张大床。"枕头得以一睹其主的容颜"，因为他在睡觉时也被战士们环绕在中间。中世纪的艺术家总是把沉睡的人画成半坐姿势，露出面庞，有时还会裸露上身。这使他们能够展现出画中人的容貌，也反映出当时的睡眠习惯。

在中世纪的欧洲，教会势力很大，根据当时文献中的大量记载，有在忏悔室里勾引女性的品行不端的牧师，有在他们的小屋里硬邦邦的床上或者其他地方秘密幽会的修道士和修女，还有包养情妇、引诱侍女的贵族。一项基于英格兰东部的教会档案的题为《下流的修女与滥交的修道士》的研究得出结论，认为参与这种活动的很大一部分是教会外部人员，这些出格行为是正常的人欲，而不属于任何异常行为。[15]

英国都铎时代的人对性的看法十分矛盾，他们强调女性的享受是怀孕的必要条件，但又主张女性不应表现出享受来。对女人来说，唯一允许的受孕姿势是仰面躺着，因为他们认为其他任何姿势都有可能造成胎儿畸形。

虽然历史上出现在卧房中的道具五花八门，创意频出，但简陋的床总是被当作这种活动的舞台，因为早在床被抬高到床腿上之前，它就已经被用于性行为和性幻想了。然而，尽管床确实具备分娩的功能，但直到近代，人们才让它成为婴儿降生的场所。

第四章

去叫接生婆

在第三章的"大爆炸"发生 9 个月后，一些女性发现自己正面临一场更剧烈的"生活大爆炸"——分娩。在现代的西方社会，大多数产妇都背躺在医院的钢架产床上分娩。这些产床经过消毒，铺着塑料床垫，有时还配备了监护仪，时刻准备为产妇注射止痛剂。虽然这些技术显然非常现代，但就历史阶段而言，此时床的作用同样出人意料地新颖。

公元前的一次分娩

大约 2 万年前，居住在意大利奥斯图尼（Ostuni）附近的一群游猎—采集部族成员和其他原始人的行为截然不同：他们会埋葬死者。这些被埋葬的人中包括一个十几岁，也可能稍年长些的女人，原本戴在她胳膊上的手镯如今只剩下几百枚被穿了孔的贝壳，而装饰着她的头的珠子数量更多。她朝左躺着，右臂搭在腹部上。考古学家清理掉她骨盆周围的泥土之后发现，一具几乎完全成形的极其细小的骨骼被夹在她的双腿之间。毫无疑问，那些埋葬她的人试图在这场通往地狱的分娩中帮助她。可他们救不了她，只能把她埋葬在土里，让她安静地长眠，并用华丽的饰品将她装扮起来。[1]

大约 2 万年后，我们中的一些人被告知，这种苦难是夏娃违背神的旨意带来的恶果。"我必多多加增你怀胎的苦楚，你生产子女必多多受苦。"亚伯拉罕信奉的神这样说。[2] 在现实中，进化似乎是所有人类的更高利益，而作为交换，受苦的则是女性和那些被夹在两腿之间的婴儿。大约 600 万年前，当我们的祖先开始用两条腿直立行走时，人类的产道就变窄了。与此同时，人类颅骨的尺寸也随着脑容量的扩增而逐渐增大，因此在现代人中，每 1000 个婴儿中就有一个因头部过大而难以通过产道。然而，我们已经利用了这些带来麻烦的方面——我们的大脑袋和灵巧的双手多亏了直立行走才得以解放——来接生。与大多数其他动物不同的是，几乎每个正在分娩的人类女性都有人帮助。有时这种帮助可以演变成一个巨大的产业。

在人类历史中的大部分时间里，床本身不是分娩的场所，而是用于产妇分娩后恢复身体的平台。在位于现代土耳其加泰土丘（Çatalhöyük）的早期农业聚居地的一个谷仓里，人们挖掘出一个可追溯到公元前 5800 年左右的陶土泥塑，那是一个胖女人的形象，或许是一种生育的象征。这个泥塑是人类分娩最古老的表现之一，它高约 16.5 厘米（头部已丢失），坐在一把猫头扶手椅上，好像正在分娩，因此被称为"加泰土丘女性坐像"（Seated Woman of Çatalhöyük）。那里没有床，只有一把椅子。[3] 分娩椅，特别是矮凳子，同样出现在了公元前 2000 年的美索不达米亚。我们从当时的文字记录中得知，妇女只有在分娩后才会躺到床上，与外界隔离，专心休养 30 天。对当时的富人而言，"床"是指在高于地面的木架上铺着编织床垫的平台，也许还有亚麻床单、羊毛毯和厚厚的垫子。对中等阶层来说，他们可能睡在铺着芦苇垫子的用泥砖垒成的平台上。而穷人只能躺在地面的芦席上入眠。

像这样单独隔离，卧床休养一段时间是个不错的办法，因为这样有助于减少外人带来的产后感染。根据世界卫生组织的数据，41% 的现代新生儿死亡发生在出生后的 28 天内，75% 发生在出生后的第一周。[4] 但当时的美索不达米亚人还不认识细菌，他们决定隔离产妇的原因是认为女性的身体不洁。据说是产妇（而不是外来的访客）因为被分娩和血液污染而处于不洁的状态，只有通过隔离并举行仪式才能让她再次洁净。

在古埃及，床在产后的休息、清洁和恢复中扮演着相似的角色。只有公元前 7 世纪的一份被称为《布鲁克林纸莎草》（*Papyrus Brooklyn*，47.218.2）的文献描述了一个劳累的女人躺在床上或芦苇席上分娩（记录有些模糊）的场景。在所有其他情况下，妇女会站着、跪着、蹲着，使用"分娩砖"或坐在凳子上生孩子，甚至连分娩的象形符号也是一个跪着的女人，孩子的头和手臂从她的身体中露出来。还有一份珍贵的文献是在当今尼罗河畔的卢克索（Luxor）的德尔麦迪那工匠村被发现的，也为这个理论提供了一些证据。文献讲述了一个正在分娩的妇女跪在地上，一个接生婆抱住她抬起的手臂，另一个接生婆从她的子宫里接住或拽出婴儿。这正是我们在上埃及伊斯纳（Esna）的神殿浮雕上看到的画面——赤裸的埃及女王克利奥帕特拉七世（Cleopatra VII，公元前 69—前 30 年）跪在地上，双手高抬，一个接生婆从背后支撑着她，另一个跪在她面前，抱着女王产下的巨大（为了体现其尊贵地位而被描绘成幼儿般大小）婴儿。这种场景至少可以追溯到女王哈特谢普苏特（Hatshepsut，公元前 15 世纪中叶）的时代，她的母亲、图特摩斯一世（Thutmose I）的妻子阿莫斯王后（Queen Ahmes）也被这样描述过。

虽然女人不一定要以她的床作为分娩的平台，但还是有些人可能会回到卧室里生孩子（《布鲁克林纸莎草》上记录了两则保护卧室的咒语），其他女人可能会在屋顶上，或是屋后的临时场所中分娩——甚至有些母亲在覆满藤蔓的乔木上分娩。最主要的是，产妇都希望能在相对独立的环境中生产，但这在狭小、拥挤的城市住宅里很难实现。

就像对待性交、睡觉、吃饭和制作木乃伊一样，埃及人顽固地不愿记录分娩的细节。可能他们觉得生孩子这件事还不够有趣，也可能其中的技术细节都是由接生婆（女性文盲）口口相传的。现存的少数描述分娩的文献之一，《韦斯特卡纸莎草》（*Westcar Papyrus*），是19世纪20年代的英国冒险家亨利·韦斯特卡（Henry Westcar）在某种"神秘情形"下发现的。它是在公元前16—前18世纪由一位无名抄书吏编写的，共讲述了5个故事，最后一个故事描述了一个名叫"莱德杰特"（Reddjedet）的虚拟人物的分娩过程。[5]

这则故事一开头就阴森森的："莱德杰特感到阵痛，她的分娩有些困难。"因此，她的丈夫、太阳神"拉"的大祭司祈祷获得五位女神——伊西斯、梅斯赫奈特、赫克奈特、奈芙蒂斯和克奴姆的帮助。女神们化身为翩翩起舞的姑娘，把自己和产妇一起关在房间里。随后，莱德杰特生下了三胞胎男孩，这三个儿子滑进了负责接生的伊西斯的怀里。作为新王朝的储君，孩子们的四肢奇迹般地被神的肤色——金色覆盖，他们头戴着饰有宝石的头巾，这是神的发饰。作者还告诉我们，这位女王在分娩后是怎样被隔离起来，又是怎样得到一些女性的帮助的，其中包括她那最终出于某些原因而被鳄鱼吃掉的女仆。尽管莱德杰特的故事提供了一些关于分娩过程和产后仪式的有用信息，但它没有明确指出床在其中的作用。可能在地上铺张席子更常见，而且这种做法也更方便。

一旦开始分娩，接生婆就会吟唱祷歌、点燃树脂，并为产妇提供啤酒。酒精能稍微缓解疼痛，也能使产妇更接近保护她们的女神——"醉酒女神"哈托尔（Hathor）。有时，接生婆会使用刻有保护符号的、边缘被磨损的河马牙魔杖进行一种如今失传已久的仪式。[6]婴儿出生后，接生婆会用坚硬的芦苇或一种特殊的、通常是鱼形的黑曜石匕首割断脐带。由于胎盘被认为代表人的生命力，所以会被保存下来，晒干，并且常常会被掩埋，有时人们甚至会把它埋在自家房子的门口。直到 20 世纪初，这种仪式仍在埃及的部分地区进行着。

医学和魔法总是密切相关的。在古代妇科文献中，有关如何处理子宫脱垂的医学建议总是和防止流产的魔法咒语一起出现。和美索不达米亚人一样，埃及妇女在分娩后也会被监禁起来，虽然在期限上更为仁慈，只有两周。我们考古发现，从公元前 1800 年开始就出现了装饰着分娩保护神喜神贝斯（Bes）和塔沃里特（Taweret）形象的头枕，它们大概在守护着产妇的身体。我们还发现，从公元前 1450 年（大约在图坦卡蒙时代之前一个世纪）开始，就出现了表现母亲处于产后被隔离状态的泥塑与石像 —— 一个裸女头戴华丽的假发、佩戴珠宝，躺在床上，身侧常常有一个孩子。德尔麦迪那村的文献还记载，孩子的父亲享有陪产假，还会买一些特殊用品给妻子助产，其中包括一种以侏儒神喜神贝斯的形象为床腿的特制床。但半个月期限一满，产妇和婴儿就会离开床，重新回到社会中，而家人们会适时为他们举行庆祝活动。

魔法与医学

随着时间推移，医学知识也积累得越来越多。公元前 6 世纪，印度医生苏胥如塔（Sushruta）[1] 留下了详细得令人震惊的科学记录，其中包括关于正常的妊娠和分娩以及病理性（异常）分娩的内容。[7] 他的一些发现可能对希腊人产生了影响。然而，魔法在希腊医学中仍然发挥着一定的作用，甚至公元前 5 世纪最初版本的"希波克拉底誓词"也包含一些咒语。当然，也有许多实用主义的体现。古希腊和罗马的医学规定，如

---

[1] 中国古代译作"妙闻"。——编者

果胎儿被认定死亡或被卡住,那就必须把他取出来,并试着保全母亲的生命。

我们已经从庞贝的"外科医生之家"等遗址中发现了一些令人震惊的产科器械藏品,比如钩形刀,用来肢解被卡住的胎儿。在公元1世纪或2世纪,以弗所的医生索兰纳斯建议,为了避免伤害产妇,应该只在婴儿露出产妇体外之后对其进行肢解。[8]人们会劈开畸胎的头,或者用一种带齿的弯钳(颅骨钳)把它压碎。这可能不会引起太多人的愤怒。索兰纳斯说,在孩子被分娩出来之后,孩子的祖母或姨妈会用一根指头蘸着唾液为孩子挡住"邪恶之眼",再把孩子交给母亲。之后,孩子的父亲会被带到床边,决定孩子的生死。正如雅典喜剧诗人波斯迪普斯(Posidippus)在公元前3世纪所写的:"每个人,即便是穷人,也会生一个儿子。即便是富人,也会生一个女儿。"[9]当时,父母不想要的婴儿可能会被遗弃,例如被放置在皮塔斯神庙(Temple of Pietas)中,而畸形的"怪物"婴儿则会直接被溺死或闷死。亚里士多德甚至在《政治学》中提倡立法,将抚养残疾儿童规定为犯罪行为。当时,如果生出畸形儿,人们往往只归咎于母亲,认为她在产前看到了不好的东西。人们建议孕妇经常想着精美的雕塑,确保产下的孩子身材匀称,而举例来说,如果她们看到了猴子,则会生下长臂多毛的后代。

与之前和之后所有重要的文明一样,希腊和罗马社会通过男人来追踪血统。但是,孩子是女人生的,她们有能力破坏男人的制度。如果想让父权制度稳固,女人的服从必不可少。有效的巩固措施恰恰包括一些由来已久且备受推崇的偏见,比如,主张产后的女人受到污染,是不洁的,并声称生孩子实际上都是男人的功劳。希腊人和罗马人都认为女人只是帮助男人生孩子的空容器,而她们并没有真正投入过什么 —— 除非她们自己在妊娠过程中出了问题,比如盯着猴子看得太多。

虽然这些都是男性主导下的制度，但确实对女性的健康给予了一些照顾。在以弗所的名医索兰纳斯所著的 20 本医学书中有一本是关于妇科的。他的原作已经全部遗失了，但其内容在后世的著作中被广泛引用。索兰纳斯提出接生婆的手必须干净，并推广他的妊娠芳香疗法，包括让产妇吸入苹果或泥土的气味（这能让人们意识到在现代我们对香味的观念产生了怎样的变化）。他规定产妇分娩后必须卧床三周。城里的产妇会躺回她的床上，至少是躺回"克丽奈"上，也就是希腊人熟悉的那种四条腿的长方形床，其中有两条床腿比较高，用来支撑扶手或床头板。很多花瓶上绘有"克丽奈"的图像：编织床垫上覆盖着一些织物，靠垫紧挨头枕放着。富裕家庭的女人可以享受铺着层层精致编织物并堆满枕头的床。一些刚生下孩子的新手母亲会雇用奶妈，尽管塔西佗在书中称赞日耳曼妇女能照顾自己的孩子，并将这种行为视作有道德的体现，却遭到那些请得起奶妈的人唾弃。在母亲卧床休息期间，当新生儿度过危险期之后，家人就会给孩子取名，女孩在第 8 天命名，而男孩则在第 9 天。当时的女人若想不卧床休息几乎是不可能的，不管我们是否相信斯特拉博（Strabo）在《地理学》一书中的说法：伊比利亚妇女分娩时反而是她的丈夫卧床，她甚至还需要照顾这个男人。

帐篷和分娩椅

古代的中国发展出了另一套复杂的分娩仪式，并涉及一系列高度复杂的规定。[10] 关于床的用法也有很多繁文缛节，其中最重要的是，在孕期的最后一个月要给孕妇搭一顶帐篷，或单独为她安排一间小屋，专供她的分娩，绝不仅仅是简单地在她床的周围围上普通床帐。

生产用的帐篷或小屋会搭建在室外或房子里的某个房间内，形状很像古埃及的凉亭。搭产篷时必须万分小心，一篇医学文献[1]告诫说："无论何时，在搭建产篷时……严禁搭在刚收割的麦秆上，也不能搭在树下，这些都是不吉利的！"[11] 出生星盘不仅指明了分娩屋的朝向，还规定了出生后胎盘应该埋在哪里。公元 10 世纪以后，这种布局问题变得越来越复杂，以至于产妇房中普遍悬挂着"出生图"。一篇中国古代的文章记载，产妇一旦开始分娩，家人就得"把床和桌子挪开，把草分散着铺在地上，绑好绳子，捆住木头的两端，让木头悬成一根横杠……让产妇斜靠在木头上[12]"。再提一次，蹲在地上分娩似乎是贯穿历史的惯例。正如 5 世纪的名医陈延之所写："古时的妇女坐在铺着稻草的地上生产，那模样就像在等死。"[13] 据推测，这些稻草是提前就在地上铺好的。

接生婆会从背后托住产妇的腰部，这可能是 20 世纪以前在中国最常见的分娩姿势。产妇只在筋疲力尽时才会躺在地上或床上。一篇文章建议道，如果在生产过程中出现任何问题，接生者应该首先"让产妇躺到床上"，这意味着，当生产过程一切顺利时，产妇并不会用到床。这种建议在一定程度上可能是因为某些床的高度：在公元 3 世纪后，精英阶层的床有时会高出地面很多。据说南朝时的一个母亲为了堕胎而让自己从床上摔了下来，这说明她的床一定很高。这种对高床的偏爱可能与 2 世纪传入中国的佛教有关。这种新信仰中的佛陀形象一般都坐在高耸的平台上，而不只是坐在垫子上，这导致高台在当时成为一种时尚，成为彰显贵宾、官员或贵族的尊贵身份的特殊席位。这种席位很快就演变出了更适合休息的加长版，再后来就被改良成了高于地面的"床"。

古代中国人认为，生孩子是女人的事，应该由接生婆负责接生。但是，如果孩子的父亲按规矩尽力帮忙，应对得当，那么能够顺利分娩就

---

[1] 即东汉思想家王充的《论衡·四讳篇》。——编者

得归功于他。为了使胎盘和胎儿能如魔法般同时被分娩出来，尽责的丈夫会做一些在我们看来匪夷所思的事情，比如用贴身衣服盖住井口。为了确保生产顺利，丈夫会给妻子喂食自己将指甲磨碎并烧焦的产物。虽然古怪，但严格遵循这些惯例对他们来说意义重大。陈延之说，孕妇生孩子就像在地上等死，一旦孩子顺利降生，亲戚们就会带着猪肝来贺喜。根据经济条件的不同，产妇可能还会收到羊肉、麋鹿肉或其他鹿肉。古代中医称产后三天为"生死攸关的三天"，建议产妇"躺在被高高地架起来的床上，仰卧，提膝"，以便"观察"。产妇"受污染的状况"意味着她必须在卧室里待上一个月。在中国还有产后 100 天禁止同房的禁忌，以免产妇"五劳七伤"。这些古代文献没有明确指责说，生产不顺利是产妇的责任，但经常指出这些女人的身体不洁净，必须采取许多措施以防打破禁忌或冒犯上苍。[14]

在整个欧洲同样出现了很多与分娩有关的禁忌。在英国都铎时代，孕妇在临盆的那个月要待在卧室里。接生几个星期，她要在床单上洒圣水、关紧窗户、堵住所有钥匙孔，还得在白天拉合窗帘。当时的人认为，难产可能是潜伏的恶魔造成的，或是产妇因疏忽而触犯了某些禁忌，比如注视月亮。人们可能会用民间土方治疗她，比如在她的肚子上撒蚂蚁卵的粉末。以前，人们往往是根据疾病和疗法之间的表面联系来治病的，这就是为什么说"吃皱褶多的核桃能补脑"——吃核桃确实补脑，不过完全是由于科学上的巧合。[15]

一旦分娩开始，那就是只有女人参与的事了。甚至在古英语中，"助产士"（midwife）的意思就是"与女人在一起"（with woman）。男人扮演的角色是"告知"，比如叫接生婆来并通知产妇的女性亲友。这些人应该是产妇的"干姐妹"或"闺密"，她们的作用也许是陪产妇聊天，让她心情平静。她们可能还会举行一些古老的仪式，比如摘下戒指或解开腰

带 —— 这些物件都被认为是对"窒息"的模仿，因此可能会伤害婴儿。或者，她们会带来一些护身符，诸如玛瑙贝之类，因为它们的形状看起来像女性器官，所以被认为能带来好运。

随着分娩的进行，产妇可能会在一张便携的木框小板床上休息，这张床可以移动到产妇所在的任何地方。她也可能会蹲在被称为"呻吟椅"（groaning chair），由接生婆提供的用于分娩的凳子上。新教改革后，欧洲孕妇在分娩时发出呻吟声的情况并没有减轻，反而愈演愈烈，因为当时止疼行为被认定是非法的。1591 年，一名接生婆因为使用鸦片帮助产妇减轻分娩的疼痛而被活活烧死。许多古老的天主教止痛法 —— 使用护符、圣像、秘药和咒语，也都因为被认定是迷信而被禁止了。但是，1559 年，信奉天主教的苏格兰女王玛丽一世登基后，许多"违禁品"重新出现，这暗示着这些东西可能一直都未真正消失。[16] 但现在，至少在公开场合，大多数产妇还是不得不依靠草药、祈祷和闺密们的闲聊来止疼。

虽然许多母亲有专供分娩使用的特殊生产麻布（通常是产妇出嫁时带来的祖传家当），但血淋淋的分娩行为通常发生在破布或老旧的柔软麻布上。富人可能会在主卧室里生产，而少数人会去一个更加私密的地方，也许是在中央火炉的附近。分娩结束后，接生婆会负责把婴儿清洗干净。人们可能能用酒来清洗新生的王子，在他的皮肤上涂黄油，并在他的肚脐上撒芦荟粉和阿拉伯乳香或埃塞俄比亚乳香的混合物。

在都铎时代，无论刚产下孩子的女人身份如何，都被称为"新手"（green woman），也同样被认为是不洁的，因为她们的身体受到了性交和分娩的污染。她们在产后的隔离期间不能看天，不能看地，甚至不能看别人的眼睛，性行为更是被严格禁止的。为了重塑自己的社会与道德身份，母亲在孩子满月后得去教堂举行一些仪式。她会蒙上面纱，从卧室被带到教堂的门口，就像当初结婚时那样，她将被赋予近乎童贞的（洁净）状态。如果她身体不适，不能前往教堂，牧师也可以去往她的家中举行这些仪式。

女人们深知生育的危险。当时的孕妇经常让人画下自己的肖像留给后代，以防万一。在 15 世纪的佛罗伦萨，大多数女性在得知自己怀孕后马上就会立下遗嘱，哪怕是最为富有的女王与皇后也不能幸免，事实上，她们比大多数人都更容易在分娩中遭遇不测。当一位未来的君主出生时，可能会有多达 70 人挤在皇家寝室里，这增加了产妇患上"产褥热"（childbed fever，即产后发热）的风险，这种疾病通常是通过手上或罩衫上的细菌传播的。亨利八世的两任妻子，珍·西摩（Jane Seymour）和凯瑟琳·帕尔（Katherine Parr，她在下一段婚姻中才产下子嗣[1]），都是因为分娩后，焦虑的王室成员挤进了她们的卧室而感染产褥热，最终丧命。我们很难确定那个年代孕产妇的死亡率，但对 16 世纪伦敦阿尔德盖特（Aldgate）地区的案例研究表明，当时每 100 例妊娠中就有 2.35 例死亡。[17] 考虑到当时的妇女可能拥有 7 个以上的孩子，这意味着大约每 7 位母亲中就有 1 位最终死于分娩。

在美洲的英国殖民地，参与分娩的人数可能也相当多。包括接生婆、产妇的婆婆和几个邻居在内，一个清教徒产妇的卧房里可能会出现十几个人。根据家庭财富和环境的差别，生育的首选场所是主人的卧室或厨房，很可能是在一张稻草床上，而在分娩结束后这张床就会被烧掉。然而，在 1760 年左右，美国上流社会的妇女开始要求请来产科医生帮助她们分娩。

---

[1] 帕尔在亨利八世去世后再婚。——编者

在床上分娩

分娩的场所转移到了床上，这一习俗的转变最早可以追溯到 16 世纪的法国，现代产科手术出现的时候。现代的产科医生会要求产妇仰面躺在床上，这样他就能确实"站在"她面前使用医疗设备（这里我们都使用男性第三人称代词"他"和"他的"，因为最早的产科医生都是男性）。

直到 18 世纪，产科医生依然被视为一种粗鄙的职业，社会地位与木匠、鞋匠一样低微。在进入这个传统意义上的女性领域时，这些男人发现自己要和女性接生婆激烈竞争。为了获得优势，产科医生发展了一种新的以疾病为导向的分娩观。分娩一直被看作危险的事情，但从未被视为一种混乱。然而，新的产科医生开始说服女性，告诉她们怀孕是一种病，她们应该像病人那样躺在床上。这样一来，他们使用医疗器械为产妇进行接生就不但是合理的而且是必要的了。产妇被动地躺在床上，而医生则运用他的医疗技能主动为她接生。

这种新观念迅速扎根了。1598 年，法国产科医生中的先驱，雅克·吉尔默（Jacques Guillemeau，1550—1613 年）在颇具影响力的文章《分娩，或快乐分娩》（*Childbirth, or The Happie Deliverie of Women*）中写到，斜倚在床上是让女性感到舒适，并能快速分娩的最佳姿势。路易十四时代的外科医生弗朗索瓦·莫里索（François Mauriceau）在 1668 年出版了《妊娠、分娩以及育后的妇女疾病》（*The Diseases of Women with Child and in Child-Bed*）。这本书反映了当时流行的观点，即把妊娠视为一种疾病，需要由男人来治愈，而床则被视为诊疗台。"床必须做成这样，"莫里索写道，"准备分娩的女人应该仰面躺在床上，头和胸部微微挺起，如此她既非躺着，也非坐着，因为以这种姿势她能呼吸得最顺畅，而且比起以其他姿势躺着或是直接陷在床里，这样还能让她保有更多体

一位正在分娩的 18 世纪产妇

力来忍受疼痛。"[18]

床终于被确定为正确的分娩设施。但是，还有一些奇怪的因素促使怀孕的女人选择仰卧生产。莫里索的国王路易十四显然很喜欢看女人分娩。传统的分娩凳会遮挡视线，无法展现分娩过程，让他感到非常失望，据说他还为此推广了新的斜躺分娩姿势。路易十四是否真的推动了这次变革我们不得而知，但考虑到这位"太阳王"在当时近乎于神的地位，这个传言完全可能是真的。不管出于哪一种原因，到了 17 世纪末，对除了某些地区的农妇而言，床已经成为法国最常见的分娩场所了。

在 17 世纪早期，妇产科技术的发展还包括钱伯伦家族发明的产钳。虽然当时的产钳没有现代的骨盆曲线，但经过钱伯伦家族改良的产钳有了贴合婴儿头部曲线的设计。他们的接生方法一直是家族机密，绝不外传，直到 17 世纪 90 年代，钱伯伦家族的后裔休·钱伯伦（Hugh

Chamberlen）才透露了真相。然而，在这种产钳还不为世人所知的时候，那种在床单或毯子下接生的技能在人们看来一定如魔法般不可思议。起先人们对这种接生工具持怀疑态度，而接生婆们也开始进行反击，认为那些外科医生对于这种工具实在是过度热衷。但到了最后，接生婆们看上去还是停留在了一个迷信且一去不复返的时代。1899年，约瑟夫·玻利瓦尔·德莱（Joseph Bolivar DeLee）开设了芝加哥产科医院，他辩称分娩是一种医疗过程，不需要接生婆。他还提倡在分娩过程中使用产床、止痛药和产钳。

产床与疾病

尽管德莱坚持认为医院里的产床具有优势，然而，这样的产床也并不令人感到满意。18世纪的巴黎，最早的产科医院——巴黎主宫医院（the Hôtel-Dieu）设有1200个床位，以及一个很大的产房。但床位供不应求的情况还是非常严重，产妇们往往不得不共用一张产床，有时还得并排躺着一起分娩。这家医院频繁发生产褥热，死亡率高达2%～8%，大约是在院外分娩的死亡率的10倍。产妇会突然发烧，或者腹部突发疼痛、肿胀和失血，并在几天内死亡。没有人知道是什么引起了产后败血症，但有些人认为，这是因为母乳出现了问题。1746年，主宫医院首次记录了一起产褥热病例，并延续了这一假设。医院的工作人员解剖了死去的产妇，看到了他们本认为是"凝固的乳汁"的东西附着在她们的肠道和其他部位，但那些其实不是乳汁，而是脓。

其他医生则有些不同的想法，尽管问题总在产妇自己身上，也许她在妊娠初期穿了紧身衬裙，或者她的阴道分泌物使她自己中了毒。没人猜测这是医生的过错——医生为一个又一个病人诊断，不知不觉地让自己的工具或手携带了病菌。直到伊格纳兹·塞麦尔维斯（Ignaz Semmelweis）发起了一场激情十足却徒劳无功的运动：他让维也纳总医院第一妇产科门诊部的医生和医学生在为病人检查前先洗手。通常医生会在解剖完尸体后直接去检查室。尽管塞麦尔维斯门诊的死亡率因此大幅下降，却无法让他的同事信服。医生兼诗人奥利弗·温德尔·霍姆斯（Oliver Wendell Holmes）在美国领导了一场运动，敦促医生在给卧床不起的妇女看病之前先洗手，阻止疾病传播，但这场运动也阻碍重重，没几个医生听得进去。费城杰斐逊医学院的查尔斯·梅格斯（Charles Meigs）断言，医生都是绅士，而"绅士的手都是干净的[19]"。

19 世纪的英国人将对避免性暗示的痴迷延伸到了产科。1837 年，当维多利亚女王加冕，男性医生可以出现在女性分娩的场合，但人们认为他们不应该直视病人，只能触摸她们——有时只是隔着许多层床单盲目地触摸婴儿。后来，在有男性医生在场的情况下，维多利亚时代的女性最常见的姿势是向左侧躺，膝盖弯曲并提到腹部。这种扭曲的姿势使医生和病人都无法看到对方的脸。在贵族家庭中甚至流行一种时尚，也就是使用专为分娩而设计的便携床。人们认为，把产床从婚床中分离出来，在另一张床上生孩子，会减少分娩中暗示的性含义。

然而，很快这张无性含义的、经过消毒的、用金属框架制造并铺着硬质床单的医院病床吸引了越来越多的女性。医学发生了彻底的改变。19 世纪 60 年代，约瑟夫·李斯特（Joseph Lister）开创的外科消毒法成为医学史上的重大突破之一。它确保了无菌手术的进行，而且让被重复使用的血迹斑斑的床单彻底消失。这是继 1847 年詹姆斯·辛普森（James Simpson）首次使用氯仿之后的又一进步。据说，辛普森以自己为对象做了一夜的实验后，发现了氯仿的神奇麻醉功效。1853 年，维多利亚女王在第 8 次分娩时使用了氯仿，她形容这种药物能带来"难以言表的愉悦"。此后，使用氯仿进行全身麻醉的止痛方法以迅猛之势在产科中普及开来。

现代的分娩

到 19 世纪 30 年代中期，在美国，在医院里分娩的情况已经要比在院外生产更普遍了。婴儿在出生的几分钟内就会被带到大型的新生儿病房，然后被放进一张干净的、金属框架的婴儿床中。之后，婴儿会被带回母亲身边，以一种近似流水线的方式每三到四个小时喂食一次 —— 据说，这个可行性很强的提议归功于卓越的婴儿配方奶粉的开发。

尽管科学一直在进步，但直到 20 世纪 30 年代末，每 200 个孕妇里仍会有一个不幸死于分娩。20 世纪 40 年代，由于抗生素的应用与普及，孕妇死亡率才开始骤降。我们智人的大脑和灵巧的双手达成了不可思议的成就 —— 人类好像终于战胜了自然。到 20 世纪末，分娩这个行为几乎完全从家里搬到了医院的产床上。这种变化的意义十分深远：1900年，大约 5% 的美国妇女选择在医院分娩；20 世纪 20 年代，在美国的一些大城市，这一比例已经达到约 65%；1955 年上升到了 95%；而在 2020年左右，美国妇女在医院分娩的比例预计接近 99%。

怀孕的"病人"现在要接受一系列的检查，在美国和英国，大约三分之一的新妈妈都要接受剖宫产手术，将婴儿取出。老普林尼声称，恺撒大帝的一位祖先就是这样诞生的。事实上，"剖宫产"这个名词可能来自拉丁语的"切割"（caedere），或者来自罗马法中的《恺撒利亚法》（Lex Caesarea）。该法规定，对于死于妊娠晚期的妇女，应当将其腹中胎儿取出。这是禁止母亲怀着婴儿下葬的一种文化禁忌。在消毒和麻醉技术出现之前，剖宫产几乎就等同于宣告母亲的死亡。但在今天，产科的床已成为我们大多数人人生中的第一张床。

大约 8 万名被认为是高危妊娠的北美女性被指导在分娩前卧床数周。有些人认为，这只不过是一场"卧床休息骗局"，长时间的休息并不会改变最终的结果，实际上倒可能会损害女性的精神健康。[20] 至于仰卧分娩，最近的一项荟萃分析显示，当女性采取所谓的替代姿势，如蹲或站时，她们在医院里的分娩时间往往更短，也较少出现需要剖宫产和硬膜外镇痛的情况。1961 年的一项调查显示，在前工业社会中，只有18% 的女性选择平躺着分娩，正如我们看到的，这可能也反映了西方社会的历史实践。而接生婆们仍在反击：英国皇家助产士学会（the Royal College of Midwives）2010 年的年度报告题为《把她从床上放下来》（*Get her off the bed*）。

当我们提及新生活有何不同时，这张床已经从主动恢复的地方变成了被动分娩的地方，这种转变与从全为女性的接生婆到以男性为主的产科医生（现在 85% 的产科医生是男性）的转变是同时发生的。和我们之前经历过的每一个父权社会一样，我们的社会在很大程度上把分娩的成功归功于男性。不过，另一个变化是，床再也不是让女性受到污染的区域。现在我们已经征服了许多分娩疾病，已经很少有产妇在床上以"不干净"的状态坐月子。相反，如今很多女性被要求模仿那些在分娩仅仅几天之后就穿着牛仔裤活蹦乱跳的媒体名人。这对女性的心理健康来说可能没多少好处。

20 世纪 70 年代初，女权主义者认为与生育有关的护理不必那么神秘，妇女的生活也无须那么医学化。他们辩称，分娩并不是一种疾病，大多数分娩不需要住院。他们支持非专业的接生婆行当的复兴。他们提倡在家分娩，导致与医疗行业发生剧烈冲突。尽管美国没有任何州禁止在家中分娩，但参与家庭分娩的医生却面临着失去在医院中的特权，甚至还有被吊销行医执照的威胁。情况发生了一些变化，现在的美国，有接生婆参与的生产过程占比约为 8.2%，而在 1980 年只有 1.1%。

然而，人类的分娩从未像今天这样安全，这显然要归功于现代医学。这就是为什么如今 99% 的西方女性愿意在医院的产床上生孩子：这样做可以免遭奥斯图尼那个年轻女孩的噩运；不会重蹈泰姬陵的主人印度皇妃的覆辙，她死于第 14 次分娩引发的产褥热；也不会重现 1855 年因晚期妊娠引起的妊娠剧吐（症状有慢性呕吐、体重减轻和脱水）而去世的夏洛蒂·勃朗特的悲剧。产后的床很危险，是一个能轻易把出生变成死亡的地方。

第五章

死亡与来世

公元 450 年左右，一个黑发的莫切（Moche）妇女在 20 多岁的时候就死去了。下葬的时候，她被裹在长达数百米的棉布里，身上盖着一张以藤编织的席子，那很可能是她生前所睡的床。她的遗体保存完好，自然干燥，腹部周围仍有松弛的皮肤褶皱，这表明她至少生过一次孩子。发现她的考古学家推断，她很可能死于产后的并发症。[1]

这座极其罕见的未被挖掘的墓穴，是于 2006 年在秘鲁北部海岸的埃尔布鲁约（El Brujo）金字塔群的一部分 —— 曾被盗墓贼严重破坏过的"瓦卡考维耶尤"（Hueca Cao Viejo）泥砖金字塔顶部发现的。因此，她被昵称为"卡奥夫人"（the Lady of Cao）。她坟墓中的景象十分奇特，混合着传统的男性和女性的殉葬品，其中有黄金首饰、黄金缝衣针、编织工具、两柄仪式用的权杖以及 23 支长矛。她究竟是一位有权势的女性领袖，还是一位统治者的妻子呢？是她的丈夫给了她这些武器和装备吗？因为没有文字记载，我们不得而知。不过可以肯定的是，这是一位重要人物。在她那条巨大的"睡袋"旁边还躺着其他几具尸体，包括一个 17 岁到 19 岁之间的少女。一根绳子依然缠在少女的脖子上，她可能是一名殉葬者，是卡奥夫人通往来世的向导。

但是，既然地位显赫，有奢华的陪葬品，为什么卡奥夫人只是被裹在一张简陋的藤席里下葬呢？也许这张藤席只是出于一种实际作用，用来卷起她那巨大的"殡葬包裹"，但也许更是为了保障她人生最终旅程的安全。最近的一项调查显示，70%的现代西方人更愿意死在自己的床上，而对其中50%的人而言，这一愿望并没有实现，因为他们死在了医院里消过毒的病床上，正如他们出生时那样。死在自己的床上的愿望反映了睡眠、死亡和想象中的来世之间永恒的联系。早在公元前2200年，在世界上最早的文学作品之一中，吉尔伽美什就唤起了睡眠和死亡之间的联系，他对他已毫无气息的朋友说："怎么了？睡意紧紧缠住了你，令你眼前一黑，你听不见我的声音了吗？"[2]

每当考古学家发现人类的墓葬时，其中的尸体都倾向于摆出睡眠的姿势：或舒展四肢仰卧，或侧卧，或像胎儿那样四肢蜷缩。如果尸体呈现出毫无仪态可言或令人尴尬的姿势，就表明它是被丢弃的，没人收尸，是被留给敌人、异端或者非人类生物的。比如，在英格兰南部多塞特郡的里奇韦遗址（Ridgeway Hill）中，有54具被斩首的维京人尸体被丢弃。头朝下地倒葬或坐葬是极为罕见的情况，尽管这确实发生过，例如，9—14世纪，在秘鲁沿海的西坎文化（Sican）的精英阶层中就有这样的葬法。

我们大多数人的内心都保持着这种存在于"睡觉—死亡—来生"之间的联系。我们总是说"安息"或"睡个好觉"。在《旧约全书》中，"床"有一种说法与腓尼基语和乌加里特语中的"棺材"（mskb）是同一个词，而威尔士语单词"bedd"既指床，又指坟墓。尼罗河畔传统的游牧民族努尔人相信，人在睡觉时，灵魂就在祖先之间游荡，如果身体在灵魂返回之前醒来，那么这个人就会死去。由于我们无法确定这种说法是否真实，所以，相较于其他人类活动，这种无知导致我们围绕死亡举行了更多的仪式。在这出戏剧中，床一直占据着舞台的中心，即使它意味着将一个垂死的君主拖到床上，进行正式的最终告别。

仪式和灵魂

从美索不达米亚人留给我们的关于最古老的葬礼仪式的文字记载来看，临终之床对他们而言具有深远的意义。一旦人们确定某人即将死去，就会将他挪到一张特殊的葬礼床上，而他的家人和朋友则会聚集在床边。床架左边会放置一张空椅子，这是人死后灵魂所坐的地方。这时，他的躯体正在被清洗，被涂上油或香料，他的嘴巴也会被束缚住，保持紧闭的状态。人们焚起香，将尸体安放在葬礼床上，死者身边的殉葬品可能是其生前珍爱的东西，可能是奉献给神的礼物，也可能是食物、饮料或者凉鞋。

凉鞋是灵魂奔赴来世的必需品，尽管由于旅程艰难困苦，超级富豪更喜欢乘坐马车。首先，灵魂必须穿越恶魔肆虐的荒原前往西方。然后，它将被摆渡过地狱之河哈布尔河（River Khubur），并最终在那里受到神的欢迎。神会在一份人类的总名单中勾出它的名字。灵魂一旦身处冥界，就会过上一种沉闷枯燥的生活，偶尔才能吃到亲戚供奉的食物。唯一的例外是胎死腹中的婴儿，据说他们将死后获得的永恒都用在了玩游戏和吃蜂蜜上。

之后一段时间之内，死者留在尘世的朋友和家人将沉浸于哀悼中：即使是对最贫穷的人而言，在毫无依托的情况下死去也是一种极大的耻辱。适当的哀悼行为包括披麻戴孝、大声哭泣以及抓挠自己的身体。人们可能会雇请职业哀悼者（这些人通常都是妓女），并把鼓敲得嗵嗵响。葬礼要花费大笔钱财，而作为报酬，除了谷物、面包和啤酒，主持葬礼的人还期望得到葬礼上的床、椅子以及死者所穿的衣服。公元前 3000 年中期，苏美尔城邦拉格什的伊里卡吉纳（Irikagina）采取强硬措施限制了殉葬品的数量。他把啤酒罐从 7 个减为 3 个，面包从 420 个减为 80 个，每次葬礼只允许使用一张床和一个头枕，并规定葬礼后必须把床搬离坟墓。[3] 美索不达米亚式的葬礼不像现在的婚礼那样在商业开发方面显然已经成熟，更何况那时人们相信，如果尸体没有得到妥善埋葬，鬼魂就可能重返世间，纠缠生者。这就是为什么即使是在战场上，美索不达米亚的胜利者也总是会埋葬敌人的尸体。

伊里卡吉纳禁止把床留在坟墓里的规定暗示着这是人们过去常做的事情。床葬在红海彼岸已经得到确证。早在公元前 4000 年，古埃及和努比亚（今苏丹）的人们就用木料做出类似家庭用床的担架或尸架以安葬死者。20 世纪 90 年代初，美国考古学家乔治·雷斯纳（George Reisner）在努比亚地区库施王国的首都科尔马（Kerma）进行挖掘，发现了许多可追溯到公元前 1700 年左右的床葬遗迹。[4] 最常见的临终之床是木制的，有的床腿形状和牛蹄一样，而且往往配有网状床垫。有些床上有磨损的痕迹，表明它是死者生前一直在睡的床。尽管雷斯纳发现有床的坟墓比没床的坟墓更多，但很可能仍然只有有钱人才能举行这种床葬，因为他们承担得起失去一张床的损失。在现代的苏丹葬礼上，人们仍然用床把死者抬进坟墓，但通常在经过一段时间的净化仪式后就会把床带回家去。

临终之床也是古埃及葬礼的一部分。当图坦卡蒙在公元前 14 世纪末长眠时，他的陵墓还没有完工，但在他的墓室墙壁上已经描绘了为他送葬的行列场景。[5] 壁画上，他的木乃伊被安放在一张置于雪橇上的木床中，由 12 个穿白袍的哀悼者拖着。陵墓的发现者霍华德·卡特（Howard Carter）说，他的床被罩在一座装饰着"花环与花彩"的神龛里。图坦卡蒙的送葬队伍把这具木乃伊从安放国王尸体的神庙抬进他的陵墓。神庙位于沙漠边缘，俯瞰尼罗河，他的尸体很可能就是在这里进行防腐处理的。在他的床后面，一队仆人扛着他来世会需要的所有其他物品，包括盛着他内脏的卡诺皮克罐（canopic）、衣服、食物、珠宝和家具。在这个行列中还有一群哀恸的妇女，其中有些是被雇来的，故意衣着凌乱，披头散发、赤裸胸部，双手乱舞。

送葬的人群抵达陵墓入口之后，木乃伊就将接受最终的葬礼仪式，这通常由死者的长子主持。由于图坦卡蒙在19岁时就去世了，没有子嗣，所以由他的继任者阿伊（Ay）——可能是他的祖父，也可能是一个身份不明的人[1]来执行这些仪式中最神圣的环节：开口仪式。在这个仪式上，木乃伊被神奇地"复活"，它会接受食物、饮料和光。食物和光在陵墓中是来世所需的两个关键要素。阿伊身穿豹皮长袍，口里念着咒语，用特殊的工具——其中之一是一把用于割断新生儿脐带的鱼尾形刀——触碰木乃伊的眼睛和嘴巴，也许由此会在人类死亡时引出出生和重生的观念。瑞士木乃伊研究项目（Swiss Mummy Project）对51具木乃伊进行的研究结果表明，在葬礼上进行的触摸仪式似乎需要下很重的手，因为这些研究发现，许多木乃伊的门牙都存在断裂和缺口。[6]

图坦卡蒙被安放在镀金床上的嵌套棺材中，卡特的索引卡描述这是一副"沉重的木制床形棺材"，它是"凹形的，以与其内部人形棺底部的凸起相契合"。[7]外棺顶部饰有两个优雅而精致的狮首，底部有狮尾，四根用于支撑的棺腿被雕刻成狮子的四爪。棺材的底座铺有仿制的织带，看上去像一张编织得很紧密的床垫，其实是由黄金制成的，底面漆成了黑色。这是一张适合国王和上帝使用的床，它被黄金制成的神龛围着。陵墓里被填满了宝物，然后墓门被封死了。

图坦卡蒙法老，生前被奉为人间之神，将与他的众神同胞一起度过

---

[1] 根据《古埃及百科全书》，阿伊是图坦卡蒙的大臣，法老死后，他娶了法老的遗孀，自己登上了王位。——译者

来世，尽管他预期的来世生活的细节仍然不为人知。"普通的"埃及人相信，死亡就是去往另一个国家，一片极乐净土，那里的人们会永远健康快乐地生活。古埃及的穷人只会被简单地埋藏在沙漠中，也许会以一两个护身符作为陪葬，而在某些时期，富人的陵墓中可能会出现大量的祭品和家具。例如法老阿蒙霍特普二世（Amenhotep II）、图特摩斯四世（Thutmose IV）、阿蒙霍特普三世（Amenhotep III，公元前15—前14世纪）的陵墓建筑师"卡"（Kha），他的坟墓于100多年前在德尔麦迪那工匠村遗址被发现，此前从未经受打扰。

卡和他的妻子梅尔耶特（Meryet）合葬，除大量珠宝、衣服、家具、食物和卡本人收藏的60条男性三角裤外，两人还各有一张漂亮的床。卡的床是木床，狮子腿装饰，铺有一张编织细密的床垫。这张床并没有被完全放入墓室，搬它进来的人也没有把它搬回家，而是把它留在了墓室外的前厅甬道里。这张床可能不是专为坟墓设计的，而是卡生前用过的。梅尔耶特的床和丈夫的差不多，但比较小，而且被漆成了白色。她的床上有床单、流苏床罩、毛巾和包着两层布的木质头枕。[8] 这两张床对主人来说显然意义非凡，人们也可能是以它们为载体把遗体运进坟墓的。

奢华的临终之床

一张好的临终之床，对于表达死者在凡间与在天堂中的地位而言是种很好的沟通方式。在其他文化中很少有像古希腊那样把这种象征意义发挥到极致的。在古希腊社会，吃饭时斜倚在餐椅或"克丽奈"上是一种极尽风雅的行为，所以，精英阶层用这种床来埋葬死去的亲人是早晚的事。虽然在早期文化的葬礼中就出现了餐椅，公元前2000年的杰里科（Jericho）古墓也证明了这一点，但直到公元前5世纪，"克丽奈"仍是希腊墓葬花瓶上代表临终之床的最常见的图样。[9]

我们几乎没找到完整的以"克丽奈"作为临终之床的考古证据，也许是因为它们的木制框架早已腐烂，或者这样的床通常不会同死者一起下葬。据爱琴海科奥斯岛上的一处 5 世纪的铭文记载，当葬礼结束后，床和床罩都必须被送回家。但是也有个别人会无视这种规定，比如雅典凯拉米克斯（Kerameikos）公墓中的几座坟墓，里面有明显的豪华木制"克丽奈"的痕迹，其上镶嵌着近东风格的象牙、琥珀和骨饰。在这样的沙发上下葬，人们肯定更会确信死者能够得到享受来世的无尽盛宴的资格。

因此，古希腊人在死亡的意义中对"克丽奈"的偏爱可能与他们对来世的观念的变化有关。[10] 在荷马的《奥德赛》中，从公元前 8 世纪末起，希腊人对来世的看法就和美索不达米亚人不谋而合了：灵魂在冥府——一个被水包围着的暗黑地下世界里过着一种沉闷、一成不变的生活，只有那些身体被埋葬的人才能穿越水面进入那里，而多头的守门犬刻耳柏洛斯（Cerberus）会吃掉任何试图离开的人。在这里，人们不会因为生前行为的优劣得到任何奖惩。到了古代（公元前 8—前 6 世纪），冥府变得更加令人感到愉快，但在古典时期（公元前 5—前 4 世纪），极乐世界（天堂）的概念开始兴起，"克丽奈"随之成为临终之床。

尽管"克丽奈"最初的功能是令人愉快的，但它作为临终之床仍需要参与严肃的仪式。首先，死者的一位六旬以上的女性近亲负责给尸体涂油、清洗和穿衣。然后，尸体会被放到"克丽奈"上，头枕着枕头，脚朝向门。男人举起右手，走向"克丽奈"，而女人则适时地拍打自己的头和胸部。有时，女性音乐家会演奏竖琴、长笛或里拉琴。在古典时代，职业哀悼者不再受到支持，然而，床依然存在。

在伊特鲁里亚人的精英阶层中，将死者以陶制的长餐椅式棺材下葬是一种时尚。伊特鲁里亚艺术的伟大杰作之一——"陶棺上的夫妻像"（The Sarcophagus of the Spouses）可以追溯到公元前 6 世纪晚期，它描绘了一对已婚夫妇的宴会。这对夫妇有着欢快的脸庞和长长的发辫，整件作品如神迹般以陶土制成。在妻子左手边的是一个小小的圆形物体，也许是一个象征着不朽的石榴。伊特鲁里亚妇女似乎比她们同时代的人享有更多的自由，她舒舒服服地待在丈夫身边，怡然自得。在古希腊，宴会是专为男人准备的。后来，以"克丽奈"作为临终之床的习俗出现在古希腊人和古罗马人到过的任何地方，当然，就像伊特鲁里亚人所做的那样，其中通常会融入一些当地特色。鉴于亚历山大大帝曾远征抵达印度河，我们在巴基斯坦发现了大量辉煌的犍陀罗艺术品，其中展现的场景包括圆寂的佛陀躺在希腊风格或者罗马风格的长榻上，他的追随者都围在这张床边。

在西方，随着罗马的衰落，以"克丽奈"为主角的葬礼基本上已经过时了，尽管在一些 16 世纪的墓穴中，我们确实发现墓主枕着自己的一只手臂，长眠在"克丽奈"上。然而，这种家具再次流行起来就是在维多利亚时代了。当时的大英帝国所向披靡，英国人把一切古典元素重新带入时尚。志存高远的维多利亚时代的人们有时会在客厅里陈放尸体，把死去的亲属安放在古典风格的"克丽奈"——"躺椅"，或者说是"睡椅"上。即使其中暗含的宴会元素已经消失，可相较于男性而言，维多利亚时代的沙发已经更多地与女性联系在一起，但它们在死亡层面上彰显出的奢华概念依然存在。

围在床边

在许多文化中，临终之床本身就是一个完全社会化的地方，朋友、家人和其他相关人士相聚于此，而且人数总是非常多。当一个垂死之人身负要职，例如身为一家之主时，因为涉及职责的转移，在场的见证者就显得尤为重要了。中国的皇帝更希望自己能在公开场合离世，他们希望在死前当众立储，避免争夺皇位引发的动乱，但一般都事与愿违。帝王临终前还常存在一些意外风险。北齐文宣帝高洋（公元 526—559 年）在临终之际服用了所谓的长生不老药，却因此而丧命。[11] 历史不断重演，诸多的中国皇帝和高官死于各种"灵丹妙药"，包括死于公元 365 年的晋哀帝司马丕，他在服下某种丹药后中毒而亡，时年 25 岁。与之相比，至少文宣帝是在自知命不久矣的情况下有意识地尝了尝自己炼的丹。

印度大君往往会在临终之床上挑选或收养继承人，这在动荡的邦国里称得上明智之举，因为如果继承人被预先选中，就可能会将王权的交接提前。在人们对王储人选的种种猜测中，临终之床的作用就显得极为重要了。

1603 年，伊丽莎白一世卧床离世，享年 69 岁。当时在场的人相对较少。据她的宫女伊丽莎白·索斯韦尔（Elizabeth Southwell）说，垂死的女王要看一面"真正的镜子"，可问题随之而来。[12] 女王得过天花，皮肤满是疤痕，牙齿也已腐烂，但每幅由宫廷监制的肖像都把这位"童贞女王"画成貌美无瑕的美人，肤色无可挑剔。出现在镜子里的脸把她吓坏了，因此她把所有曾吹捧她、糊弄她的人统统赶出了房间。

尽管如此，女王去世的那天，围在她身边的一团人依然包括她的宫女、医生、牧师、坎特伯雷大主教和枢密院成员。祈祷声响起，在她弥留之际，有人问她是否同意苏格兰国王詹姆斯成为她的继任者。她甚至无法出声，只能抬起手表示同意。关于女王是否保持童贞、是否生育过的谣言随后甚嚣尘上，因为她曾严格下令，不能依照惯例解剖或检查她的遗体。取而代之的是，她被直接收敛入棺，置于她的床上，由侍女们看守。床上覆盖着黑色的天鹅绒毯，装饰着巨大的华丽鸵羽。按照中世纪的传统，棺材上会竖起一尊栩栩如生的女王木雕。直到新王登基，女王被正式安葬，这尊木雕会一直被保留。

皇室之死的回声响彻整个欧洲。1715年，路易十四在自己的住所去世：他在公众的注目下死在了自己的床上。在法国的宫廷生活中，国王的床至关重要，以至于即使主人没在床上，走进国王卧室的人也得像走向祭坛那样虔诚朝拜。在离世的前两天，路易十四还在床上处理国事，包括册立他的曾孙为储君。他去世时，亲近的随从站在床边，而其他人，包括为他检查生了坏疽的腿的医生、家族成员、侍臣以及其他见证者依次走进他的卧室。

国王驾崩之后，宫殿的各个房间都披上了黑色的帷幔，但与传统不同的是，路易十四并未拥有在往常的葬礼上会出现的塑像。法国有种旧习俗，为已故的国王定制一尊用柳条编织的（英国是用木头）塑像，塑像的面部和双手是取自国王遗体的蜡质倒模。侍者会为这个"国王的分身"穿戴整齐，扶"他"坐到床上接受觐见。"他"坐在那儿，在仆人的侍奉下"吃"一顿饭，好像"他"就是活生生的国王一样。在送葬队伍中，这尊塑像非常显眼，人们会成群结队地跑去围观，但路易十四的父亲路易十三认为这样的行为简直是异端，所以在1622年下令禁止了这种做法。

人们聚集在临终之床周围的习惯不止对王室成员而言很重要。临终之床是一个社交场所，朋友和家人以此为中心聚集在一起，为垂死之人鼓气——也为彼此鼓气。在伊丽莎白时代的英国，人死后尸体通常会被擦洗干净、穿戴整齐，如果经济条件允许的话，人们会对尸体简单地做一些防腐处理。尸体会被放置在尸架上或是敞开的棺材里，而棺材通常放在逝者生前的床上。人们开始为亡者守灵，因为亲朋好友要确保逝者在下葬前不会感到孤独。在20世纪中叶之前，这项习俗是相当普遍的。

天主教徒认为见证人的一生中最后的时刻极为重要，因为他们相信，这会决定离世之人的命运 —— 这取决于死者选择围绕在床边的是天使还是魔鬼。如果死者平静地离去，就表明是天使取得了胜利。宗教改革后，新教徒坚持认为，人无法在临终之时决定自己的命运，这种宗教立场肯定造成了当时的人们在某种程度上的临终焦虑。尽管如此，伊丽莎白的新教牧师还是煞费苦心地描述了她咽下最后一口气时的场景，说这就像一张直通天堂的车票。"她离去时很安详，"他报告说，"像一只羔羊，像一个成熟的苹果从树上落下般从容。"[13]

一个基督徒在临终之际滔滔不绝地讲话。《约翰·卫斯理牧师的去世》(*The Demise of Reverend John Wesley*)（版画，绘于 1840 年左右）

在伊斯兰教中，家人和朋友也会聚集在临终之床周围。随着末日临近，他们会鼓励垂死之人以阿拉伯语祈祷，表达自己的信仰。最初的祈祷是重复的"啦啦"声，这是相当令人宽慰的抒情诗。如果濒死之人感到痛苦，人们就会在他耳边小声说出这些圣言，就像对新生儿的耳语。人死后，他们会在葬仪上为遗体清洗、穿戴，然后将其安放在配有棺架的棺材里。他们会尽快举行葬礼，最好是当天，然后就进入哀悼期。卫生要求和尸体腐烂的速度无疑是推动葬礼尽快举行的原因，因为伊斯兰教禁止火葬。长期以来，这习俗在犹太教中也是一样。

16、17世纪，欧洲的犹太人认为围绕在临终之床旁边是一种戒律、一种善行或一种宗教职责。犹太人群体会尽最大努力确保没有人会孤独地死去。在理想情况下，临终之人会在10个犹太同胞面前忏悔，仪式包括为自己的家人祝福或祈祷，之后再背诵一套祷词。死者离世后，尸体必须得在24小时内被清理和埋葬。在一段《塔木德》经文中，上帝说道："我曾把我的像摆在你们中间，又因你们的罪而将它掀翻，现在掀翻你们的床吧。"[14] 为了遵从这句话，哀悼的犹太人会依照传统掀翻死者的沙发或床，在整个7日丧期内都将它们留在地上。

17世纪的欧洲人描述了非洲黄金海岸的一种与之类似的葬礼哀悼仪式。虽然没有任何一个欧洲人与这些西非人足够亲密，能够完全观察到他们环绕临终之床的场景，但他们回忆了自己目睹的当地人在死者离世后举行的大型聚会，轻蔑地讲述牧师如何与死者对话，问他是怎么死的，以及是否有人导致了他的死亡。事实上，我们大多数人都有这样的疑问，所以也许他们的仪式对死者亲属的心理健康有好处。这个社会中的长子通常会把父亲埋在床下或床边，每天早上他都会按照惯例将自己的第一口所吃所喝的任何食物供给他的父亲。英国殖民者认为这是野蛮原始的表现，于是制止了这种做法。

临终遗言

围绕临终之床的人常常向临终之人俯下身，渴望听到他的遗言。这个人会以不朽之言概括自己一生的成就和目标吗？"伯蒂（阿尔伯特的昵称）。"维多利亚女王低声说道；"我对这一切都厌倦了。"丘吉尔说。当一个人即将离世，他的语言已经很难变得深刻，或者说，他已经不关心自己说的话是否包含什么深刻含义了。

西方人对遗言特别感兴趣，这种倾向可以追溯到苏格拉底之死，这位哲学家的死感人至深。苏格拉底在公元前 399 年被判有罪，罪名是渎神并教唆雅典青年堕落。他被判饮下毒芹汁。他的年轻弟子柏拉图记录了当时发生的事。事件到达高潮，苏格拉底喝下毒芹汁，躺了下来（大概是躺在床上），为自己盖上床单，让毒素慢慢地从头到脚扩散到全身。就在死前最后一刻，他显然把床单从自己脸上掀开了，提醒一个来为他送行的朋友说："克里同，我还欠阿斯克勒庇俄斯（医药之神）一只公鸡，记得替我还上这笔债。"[15]

我们可能会想，这是多么令人扫兴的结尾，但他的朋友们却对他无比崇敬：苏格拉底至死都保持着守信的美德。对古罗马人来说，"苏格拉底之死"是死亡的终极形式，他们因此开启了关注死者临终遗言的时尚。罗马哲学家塞涅卡因决定效法苏格拉底而自杀，并要求他的秘书在场记录他的遗言。据塔西佗记载，塞涅卡临终时说："我被禁止向你表达我对你的服务的感激之情。我为你留下了我唯一的，也是最珍贵的财产——我的生活方式。如果你还记得的话，那么，你忠诚的友谊将足以匹配美德之名，这是对它的奖赏。"[16] 其他人则认为，他在将死之时为解放者朱庇特（Jupiter the Liberator）举行了一场祭奠仪式。这也是有可能的，因为正如塔西佗所说，塞涅卡的死愚蠢透顶，不仅场面混乱，而且仪式烦琐。喝下毒芹汁通常会导致剧烈抽搐、痉挛和呕吐。更整洁的方式是钉死在十字架上，即使在古希腊时代，这也是一种常见的处死罪犯的方式。

考虑到毒芹汁会引发的问题，苏格拉底的临终遗言和行为很可能也是杜撰出来的。所有那些最好的临终遗言都可能是杜撰出来的。据称，罗马帝国的开国皇帝奥古斯都曾说："我接手的罗马是一座砖瓦之城，我留下的罗马是一座大理石之城。"尽管他的妻子利维亚同样令人生疑地声称，他实际上只是引用了希腊戏剧中的几句台词而已。伊丽莎白一世的遗言同样可能是编造的，她说："我的所有财产只不过是过眼烟云而已。"作家奥斯卡·王尔德身无分文地死在巴黎的一间公寓里，他的"遗言"被人们广泛引用："我和墙纸一较高下，不是它死就是我亡。"但事实上，他在去世之前几周就说过这句话。

既然死者无法回应，就很容易编造出他们的遗言。耶稣会士和其他北美传教士经常讲述"印第安土著"的临终演说，以此推动他们的传教事业。他们口中典型的印第安式临终场景往往是以认识到世界末日已经逼近开始的。如果已经皈依了基督教，印第安人会为上帝祈祷、为朋友和家人的健康祈祷、为仁慈祈祷，或为传教士能继续成功地改变那些身为非基督徒的印第安人的信仰祈祷。他们的遗言总是会以某句恰当的话收尾，比如"上帝，带我走吧！"说这话的时候，他们的双眼会热切地望着天空。

偶尔，一个依然身体健康却即将死去的人会说些不同寻常的话，就像1887年乔治·恩格尔在绞刑架上高呼："为无政府主义欢呼！这是我一生中最幸福的时刻！"书面上的"临终遗言"也允许包含更多的思考。目前最受欢迎的载体是"推特"等社交媒体。在《星际迷航》中扮演"斯波克船长"的伦纳德·尼莫伊（Leonard Nimoy）去世之前在"推特"上发表了最后一条状态："生命就像一座花园，可以拥有完美的瞬间，却无法保留，只有记忆长存。# 生生不息，繁荣昌盛（Live Long and Prosper）#[17]。"但有时人生的最后一条"推特"状态也可能令人感到意外，比如瑞瓦·斯蒂坎普（Reeva Steenkamp）的："明天你为你的另一半准备了什么？？？＃我开始激动了＃情人节。"[18] 她那时还不知道她的情人，残奥会短跑冠军奥斯卡·皮斯托瑞斯（Oscar Pistorius）正准备朝她开枪。

每个人的临终之床

托马斯·哈代在《德伯家的苔丝》中写道："还有另外一个日子……就是她自己死去的日子。那一天悄悄地藏在一年当中的所有日子里，谁也看不见。她年年岁岁都要遇见那一天，那一天却总是不声不响，不留痕迹，但我们又不能说那一天不存在于这一年里。"[19]《圣经》上说，"那一天"通常是在 70 年后到来。而据出土于叙利亚依玛（Emar）遗址的文字记载，上帝赐予人类最多 120 年的寿命，确切地说，能在自己年过耄耋时看到家族的第 4 代成员出生是人类最终的福气，这 10 年被视为老年的极限。

你我都知道，每个人都难逃一死。据古希腊哲学家伊壁鸠鲁所说，这种对死亡的认知是我们追求幸福的道路上最大的阻碍。他鼓励他的追随者拥抱死亡，享受生活，还评论说死并不可怕，死亡是毫无感觉的，也不是由神决定的。然而，有多少人听从了他的建议？在现代的西方社会，我们往往会与死亡抗争，或干脆忽视死亡。我们对临终之时的态度就说明了一切。以前，死亡往往发生在公开的场合，而现在却大多藏在医院的床帘后面，甚至完全不愿被人看见。可能是因为我们不擅长应对死亡，也可能因为我们不愿承认死亡的存在，所以我们中的很多人宁可无视般走过，也不愿与丧亲之人交谈。

在北美，甚至有活动推行着一种观念，声称如果我们足够努力积极地思考，就能获得永生。亚利桑那州的"阿尔科"等公司提供冷冻保存遗体服务，这样当未来技术发展到使之成为可能时，人就可以复生。死亡令人无法接受，我们甚至想方设法延续那些已经毫无生活质量可言的人的生命。就在前几年，英国出现了三起引发关注的案例：陷入极度昏迷的婴儿的家长不顾医生的建议，执意要让孩子以这种状态维持生命。家长们发起了一项运动，每次请愿都赢得大量公众的支持，有一次，在任的美国总统甚至出面向教皇求情。

我们不妨回顾历史，看看这类事情发生了多么深刻的变化。在19世纪的欧洲和北美，一个家庭中至少有一个孩子夭折还是相当普遍的情况，而且，正如我们知道的那样，当时的孕妇在妊娠过程中自杀的概率高达1/7。但这并不能说明当时的人更容易接受亲人的死亡。我们知道，维多利亚女王为她挚爱的阿尔伯特亲王服丧40年。还有，美索不达米亚人相信死于腹中的孩子将永远在天堂玩耍，这种观念显然是想让孩子的父母得到些许安慰。死亡无处不在，而且堂而皇之。哪怕我们不接受死亡，也必须承认它的存在，彼此分担它带来的痛苦。人们之所以聚集在临终之床的周围，是因为死亡是生命中永恒存在的一部分。

英国政府曾在网上公布了一组国家档案，那是逝世的维多利亚女王躺在床上的照片，时人评论说"相当令人震撼"。照片中，逝去的女王双目紧闭，躺在一张铺着白色织物、装饰着鲜花的床上，她挚爱的丈夫的肖像悬挂在她的头顶上方。这张照片，以及在女王死后完成的那幅画像，以现代人的眼光来看称得上令人毛骨悚然，然而在当时，无论是照片还是画像，对人们来说都没有那么大的冲击力。长期以来，在欧洲流行的做法是，当妻子去世时，委托画家画下全家人围在临终之床前的场景。然而这种画在现在看来却是离经叛道的。西方艺术界最后一张关于某人在临终之床上的照片可能来自安迪·沃霍尔的超级明星，于1974年死于淋巴瘤的变性者坎蒂·妲玲（Candy Darling）。在这张照片中，她化着玛丽莲·梦露式的浓妆，年轻的手臂诱惑地举过头顶，仰躺在一张铺着白床单、鲜花环绕的床上。这种临终之时的形象至今仍有争议，也许我们离维多利亚时代越远，争议就越大。

即使按照维多利亚时代的标准来看，维多利亚女王的行为也有些极端：阿尔伯特亲王去世后，她那一身黑袍，不像传统那样只穿一年，而是穿了整整40年。亲王去世后，她从未让别人动过他的卧室：他最后用过的玻璃杯一直放在床头桌上，他的交易日记和钢笔也依然按照他最后一次记录时那样打开着。女王还命人每天都把鲜花送到他的房间里。人们并不觉得这令人不安，或者认为这是精神错乱的表现。他们称赞女王的真挚深情。

然而，这样与死者的定期沟通，无论是维多利亚仪式化地送鲜花到阿尔伯特床边，还是沦为殖民地之前的西非的儿子要为去世的父亲提供自己当天的第一口食物，都在挑战着我们的承受能力。这些行为会让人觉得过火、不舒服，有时甚至会彻底令人反感。例如，当我们观察现代印度尼西亚托拉查人（Torajas）的做法时就会感到不适。我们发现这个民族信奉传统的泛灵论，其中也有些人受到外来文化影响而信奉伊斯兰教或基督教。托拉查人把对现代西方社会的死亡禁忌的挑战推向了极限——他们把死去的亲人放在家里，有时一放就是几年，直到他们赚到的钱足够办一场体面奢侈的葬礼。尸体被放在前厅中一张床上敞开的棺材里，就那样慢慢干枯，被人像对待病人而非死人那样照顾，每天都能"享用"食物、香烟和咖啡。下葬后，尸体也不会就此安宁，人们每隔三年就会举办特殊仪式，把尸体挖出来清洗一番，再重新埋进坟墓里。对托拉查人来说，这种行为再正常不过，而且十分令人感到安慰。[20]

然而，在现代西方，我们很多人从来没有见过尸体，甚至一想起会看到尸体就感到厌恶。2016年，歌手大卫·鲍伊出演了他的遗作《拉撒路》（Lazarus）的音乐视频。视频中，垂死的鲍伊躺在医院的病床上，伸手去拿一个相机。这段视频在网上惨遭一片恶评，这或许可以解释为什么导演后来只能辩解说这段视频"与鲍伊生病无关"，强调他被确诊为绝症晚期是在拍摄之后的事情。如今，人们对临终之床的刻画只出现在虚构作品中了。

无论是最好的还是最烂的恐怖电影中都有对临终之床的表现。由于这对现在的西方主流社会而言是一种禁忌，所以这类电影总是被归为限制级，人们认为它们不入流、离经叛道，或者两者兼而有之。以这种场景为特色的恐怖电影，有被称为"史上最恐怖的恐怖片"的《驱魔人》（The Exorcist，1973 年），其中最糟糕的场景是呕吐的特写、恶魔附身以及在床上扭头的女孩；比较差的低成本电影，包括《死亡之床：食人床》（Death Bed: The Bed That Eats，1977 年），在这部电影中，恶魔创造了一张床以引诱他爱上的女孩；描述床下怪物的电影《床下》（Under the Bed，2012 年），它以床下的杀人怪物为卖点，随后又拍了第二、第三部。此外，《当你熟睡》（Sleep Tight，2011 年）和《死亡之床》（Death Bed，2002 年）这两部电影同样能激发我们对死亡、睡眠和床的恐惧。

我们是怎么用恐怖片吓自己的？我们明明已经在对抗死亡的路上走了很远。医院的病床配有消过毒的床单和隔帘，它是挽救生命的地方，也是我们中的一半人将要死去的地方，尽管许多人肯定希望自己能死在别处。也许这会是一种宣泄和帮助，能呼吁人们恢复传统，聚集到临终之床周围，宽恕一切，做最后的告别。然后，我们把死者安放在床上，让在场的人都能看到并接受这个事实。葬礼举行，鼓号响起，亲人们捶胸顿足，朋友间彼此安慰，盛大的宴会开场。人类首先是一种善于交际的动物。

第六章

陌生的床伴

来自德意志中部的安哈尔特－科滕（Anhalt-Köthen）公国的路德维希王子是个游遍英国的普通旅行者，他唯一与众不同的地方是把自己的日记写成了令人厌烦的诗歌体。1596 年，他曾留宿伦敦北部赫特福德郡韦尔小镇的白鹿旅店（the White Hart Inn）。韦尔是中世纪的朝圣者和旅行者的主要歇脚点，当地旅店为了各自的生意激烈竞争。为了吸引冒险的游客，其中一位旅店店主，很可能就是白鹿旅店老板本人，突然冒出了个绝妙的想法：定制一张四柱床。他称之为"巨床"（the Great Bed），并对外宣传说这张床能同时睡下 12 个旅行者。路德维希王子对这张大床的尺寸感到惊奇，成为第一个为这家飞快蹿红的旅店留下文字记载的住客："它可以让 4 对夫妇并排且舒适地躺在一起，却避免了彼此触碰的尴尬。"[1]

这张巨床是荷兰建筑师、画家、工程师和花园设计师汉斯·福德曼·德·弗里斯（Hans Vredeman de Vries）设计的，大小约为现代双人床的两倍，长宽均超过 3 米，高 2.5 米，重约 640 千克。当地的工匠用橡木做了 40 个部件，组合成了这张床，再把几根木头粘在一起，制成巨大的床柱。他们在床上雕刻了复杂的欧洲文艺复兴时期的图案，排列在最初色彩鲜艳的嵌板上，可如今颜色几乎都已剥落光了。这张床一经制成，立即受到了游客的欢迎，部分人是出于好奇，部分人是因为有个作

韦尔的"巨床",展出于伦敦维多利亚和阿尔伯特博物馆

家把它形容为"欢愉之床"。有些游客在床上乱刻自己的名字缩写，或者用印泥在床柱上留下自己的印记。

这张床的名气如此之大，以至于出现在了莎士比亚的名剧《第十二夜》（*Twelfth Night*，1602 年）中。在剧中，托比·培尔契爵士告诉安德鲁·埃古契克爵士，他要给奥西诺公爵的侍童西萨里奥下一封决斗书，但这封书信里谎话连篇："在纸上写满谎言，尽管你的纸大得可以用来铺满英格兰韦尔的那张床。"[2] 本·琼森在 1609 年创作的戏剧《沉默的女人》（*The Silent Woman*）中也提到了这张床。一个世纪后，乔治·法夸尔在《征兵官》（*The Recruiting Officer*，1706 年）中提到了某张床，说它"比韦尔的巨床还要大上一半"。这种文学中的引喻一直延续到了现代，2001 年，安德鲁·莫辛（Andrew Motion）在诗中写道，这张巨床"把睡在床上的人，像飓风席卷树叶一般抖落出去³”。

一些慕名而来的住客显然是为了恶作剧。据 1765 年 7 月 4 日的《伦敦纪事报》(The London Chronicle) 刊载（毫无疑问是杜撰的）：1689 年，有 26 个屠夫和他们的妻子，共计 52 人，在这张床上共度了一夜。韦尔的骄傲和喜悦成了对公众不必要的放纵言行的隐喻。1856 年，刚担任圣职、自命不凡的布里斯托尔主教坐在一张教堂长椅上。那张长椅精雕细刻、配有篷盖，看上去就像一张四柱床。人们不由得把这长椅与那张"韦尔的巨床"进行了讽刺性的比较。

作为人们持久好奇心的象征，这张巨床围绕着韦尔，从一家旅馆转移到另一家旅馆，直到 19 世纪末，它才成为附近的霍德斯顿 —— 一个深受铁路旅客欢迎的周末旅游胜地的固定"景点"。1931 年，它差一点儿就去了美国，但是伦敦的维多利亚和阿尔伯特博物馆以 4000 英镑的价格买下了它。这是一次成功的收购，因为这张床成了这座博物馆最受欢迎的展品之一。从此它一直被收藏在那里，除了 2012 年，由英国彩票委员会出资 229200 英镑，让它被转移进韦尔的小型博物馆里展出一年。那些负责人用了 6 天才把这张床拆开，又花了 9 天才把它运送到目的地。

据知，最后一个在这张大床上待过的人是女演员伊丽莎白·赫莉 (Elizabeth Hurley)。2015 年，在维多利亚和阿尔伯特博物馆的鸡尾酒会上，她跨过护栏，在"巨床"上摆出一副"诱惑"的姿势。警报立刻响起，接着就有人"护送"她离开了博物馆。英国的街头小报几乎为此疯狂。当然，这件事隐含的意思是，"为如此多的人专门设计的床只能表达出情色含义"。尽管一些曾睡在这张床上的人承认，它确实有一点儿情色意味，但也有很多人不敢苟同。在柏拉图式的社交中与人分享一张床曾是一种非常普遍的观念，几乎每个可能存在的群体在过去的某个时间点都有共睡一张床的经历：家人、朋友、主仆，还有陌生人。有时性元素也会参与其中，但这种安排往往是出于实际考虑的结果：床位的成本、在没有电的时代御寒的必要性，以及床伴提供的安全感。

旅途中的床伴

"韦尔的巨床"之所以出名，主要是因为它的尺寸（大床是财富和奢侈的象征），而不是因为与陌生人同床的行为。夜宿旅店的旅行者经常和不认识的人同床共枕。在亚洲和其他地方，特别是在蒙古国的农村，这种社交睡眠很受欢迎，而且延续至今。

直到 20 世纪，中国和蒙古国的炕，这种铺有席子的可加热的砖石平台在路边的旅店中还是非常常见的。炕的最早形式出现于公元前 5000 年左右，那时人们在睡前会燃起火堆，加热黏土地面。早在公元前 4 世纪，人们就开始使用更加复杂的炕了。加热这种炕靠的是相邻房间里烹饪用的炉火或是地板下的火炉。一张典型的炕面积会占房间的三分之一，甚至是房间的一半，其温度可以维持一整晚。炕不仅用来睡觉，还用于吃饭和社交。后来，很多炕附带了隔栏，上层社会的人有时候也会分开睡觉。而在今天，夜间飞行可能是西方旅行者能够例行公事般地睡在陌生人旁边的唯一机会。出门在外得遵守某些潜规则般的社交礼仪，比如别越过自己座位的扶手，不要碰到别人，还有保持安静。这些规则与中世纪时一本法国人专为讥讽英国游客而编撰的书中提到的差不多，这本书的内容还包括"你把床单和被子都拉走了""你除了胡乱折腾什么都不会""你是个有病的床伴"等对陌生床伴的抱怨和指责。[4]古代的炕和现代的飞机座席一样，能在夜间提供的睡眠质量取决于旅客的财力大小。在条件差一些的小旅店里，所谓的"床"可能只是一条用绳子水平悬到齐胸高的简陋长木凳。住店的人必须一起挤坐在长凳上，把胳膊吊到绳子上，趴下身子低着头睡觉。在过去那些诸如朝圣之类的热门活动中，旅店床位总是供不应求，这时候富人照样占据优势。如果某个旅行者财力充足，他就可以把任何人赶下床，不管那人有多聪明，多神圣，病得多厉害或者是不是孕妇。玛丽和约瑟夫带着他们的孩子不得不挤在旅馆的马厩中过夜的故事是出了名的，和他们一起的还有一大群游客，那些人大概也不得不在那里睡觉。

基督教艺术揭示了我们对分享一张床的看法和早期观点之间的差异，这种差异在对为耶稣送来礼物的东方三博士的形象刻画中体现得尤其明显。据《马太福音》记载，三位博士做了一个梦，梦到上帝警告他们不要信任希律王。"东方三博士的梦"是中世纪晚期艺术中最受欢迎的形象之一，三位博士总是一起挤在床上，有时赤身裸体，但总是戴着他们的头冠。

这些旅行中的男人睡在一起的行为与性的话题毫无关系。在1851年出版的小说《白鲸记》（*Moby-Dick*）中，赫尔曼·梅尔维尔记述了年轻水手以实玛丽被迫和"首席鱼叉手"在旅馆里共睡一张床的桥段。"有足够的空间让两个人在床上折腾，这是一张十足的大床。"旅馆老板这样保证。但是，以实玛丽在等待鱼叉手到来时无法入睡，抱怨他的床垫里肯定塞满了玉米芯或者碎陶片。最后，那个叫魁魁格的男人终于来了："天哪！这看上去像什么呀！这么一张脸！……是的，正如我所想的那样，他是个糟糕的床伴，他和人打架。"然而，他的床伴在被要求分享床铺时拿出了烟斗，转身侧躺着，好像在说："我不会碰你的腿一下。"以实玛丽好不容易才睡着，第二天醒过来时，发现魁魁格的双手正搂着他，他感到"一生中从没有睡得那么香甜过[5]"。

当法官和律师们与亚伯拉罕·林肯一起开设巡回法院时，他们常常两人睡一张床，8个人睡一个房间。一些评论家注意到，多年来林肯一直跟约书亚·斯皮德（Joshua Speed）分享他的床。有些人认为，在当时"许可"这种睡眠安排的情况下，林肯只是享受与斯皮德之间亲密的柏拉图式关系。他不大可能每天晚上都纵情狂欢。在过去，旅行者们不以性为目的而同睡一张床是日常生活的一部分。20世纪初，小说家托马斯·沃尔夫的母亲在北卡罗来纳州开的寄宿公寓每晚总是很早就人满为患，四处旅行的推销员早已习惯与别人挤在一张床上。

这样的睡眠安排并不总是顺利的。美国国父约翰·亚当斯在自传中详细叙述了他与本杰明·富兰克林在旅途中共度的一个灾难性的夜晚。那是1776年9月，在13个美洲殖民地宣布脱离英国独立后不久。这两个人是大陆国会派出的代表团成员，正要去参加革命战争的议和会谈。途中，他们在新泽西的一家旅馆住了一晚。因为没办法两人各自拥有一个房间，他们只好"在一间比床大不了多少，没有烟囱，只有一扇小窗户"的房间里共睡一张床。[6]正是这"一扇小窗户"让他们无所适从，因为亚当斯"体弱多病，害怕晚上的寒气"，所以马上去关窗户。但富兰克林想透透气，就对亚当斯一通演讲，宣扬他的"感冒理论"，还说如果不开窗透气他就会窒息。最后，亚当斯赢得了"窗户之战"，但那场关乎和平的会谈却以失败告终。

家庭安排

琼·利德洛夫（Jean Liedloff）以她在1975年出版的畅销书《富足的人生原动力：找回失落的爱与幸福》（*The Continuum Concept: In Search of Happiness Lost*）而闻名。早年，她迷恋泰山和丛林，后来又对亚马孙地区的儿童保育产生了浓厚的兴趣。她去过南美洲5次，并与委内瑞拉雨林中的印第安土著叶夸纳人（Yequana）住在一起。尽管她详细地介绍了他们生活中的许多方面，但她提供的关于成人睡眠习惯的唯一一则信息却来自一个括号里面的附加声明：叶夸纳人"[有] 在半夜，大家都睡着时讲笑话的习惯。虽然有些人在大声打鼾，但也会立即醒来，大笑，然后在几秒钟内再次睡着，又开始打鼾……他们不觉得醒着比睡着更难受，他们醒来时已经彻底警觉，就像所有印第安人能同时听到远处一群野猪的嚎叫声一样。尽管他们是睡着的，而我醒着，可我听着周围丛林里的声音，却什么也没注意到[7]"。在丛林里，在荒野里，在寒冷中，或者在没有电和灯的地方与时代，和自己的兄弟同伴在一起睡觉是一种既安全又温暖，还很实用的方式。

20 世纪 60 年代，人类学家约翰·怀廷（John Whiting）观察到，有三分之二经他考察过的社会群体中的母亲会与婴儿一起睡觉，尽管这些不同的社会成员各自的睡眠习惯之间也有很大差异。在印度的贫民区，一家老小有可能都睡在同一个房间的地板上。在西喀麦隆的恩索人（Nso）农家里，母亲会睡在床上，让所有孩子都排在她身后，最小的孩子离她最近。她总是面对着门，保护孩子们不受可能会伤害他们或把他们带走的恶灵的侵犯，而父亲的床在其他的地方。[8]怀廷还发现，气候和床伴之间存在着常识一般的关联。单人床更多出现在温暖的环境中，例如亚马孙原住民睡在单独的吊床上，而在冬季气温低于 10℃ 的地区，整个家庭的成员共用床铺的情况更为常见。

在生活空间缺少分隔的地方，例如，在欧洲青铜时代的圆形房屋或铁器时代的长屋里，人们不可避免地睡在一起。如今，居住在无墙帐篷或蒙古包中的人，如蒙古、中亚、伊朗、土耳其、西非和阿拉伯半岛的游牧民族，也还保留着这样的睡眠习惯。[9]有一种生活方式，最初是由公元前 800 年左右的斯基泰人（Scythian）流传下来的，他们跟随自己的部落四处漂泊，沿途支起帐篷。他们使用的床各不相同，但相较于正式的家具而言，大多数人更喜欢编织的、直接铺在地面上的被褥和垫子。垫子在不用的时候更易于运输和储存，而需要使用时只要把它们排在一起，或者随便铺在地上就行了。只有新婚夫妇才会为自己设置一道假墙，或是用一条挂在绳子上的布帘来保护一些隐私。但等到他们的第一个孩子出生以后，这对夫妇就会和其他家庭成员睡在一起：祖父母带着孙子孙女睡，父亲带孩子一起睡，而母亲则陪着小婴儿睡。

有句前现代的意大利谚语建议睡眠者："在一张狭小的床上，要让自己占中间。"英语中有个短语，"像猪一样过"（to pig），意思是"与一个或多个床伴一起睡觉"。而"床夫"（faggots）是一句英国东部的俚语，指"不守规矩的床伴"，这个词最初的含义是一种传统地方菜，做法是把大块的肉简单地放到汤里炖。根据怀廷对土著民族的研究，欧洲的大家庭往往会根据年龄和性别来划分床上的位置。女儿们可能睡在母亲旁边，儿子们睡在父亲身边；大女儿睡在离门最远的靠墙处，客人和陌生人都会被安排睡在床边。大家共用床上用品，虽然枕头一般是女性专用的，用枕头的男人都是娘娘腔。有个 16 世纪的评论员写到，是男人就应该用"好圆木"当枕头。穷人只能简单地在地上铺上干草，再铺上毯子，一起躺在上面睡觉。

在中世纪的庄园里，也许只有领主和领主夫人会回自己的房间里睡，而其他工作人员通常会一起睡在大厅里。大多数仆人睡在简陋的小床上，其中大多其实都是木箱，有些靠短床腿支撑，便于在各个房间之间搬动。其他家庭成员、仆人和来访者，都可以根据需要使用这些床。仆人、兄弟、姐妹和来访者通常都睡在同一个房间里，有时分床，有时同床。这种灵活的睡眠安排一直延续到 18 世纪，在那个时代留下来的一张库存清单上，不仅列有"轮床"，还有"带书架的床架""折叠式床架""书桌床"和"抽屉式床架"等。[10] 1756 年，艾萨克·韦尔（Isaac Ware）在其关于建筑学的书中提到，对于伦敦的房屋来说，这些床架既方便又实用，因为无论客人何时来访，都可以轻易把它们组装起来。

枕边话

　　人类在睡眠和黑暗中的脆弱本性，意味着同床共枕为人们提供了违反社会规范的机会。[11] 主人或女主人与他们的仆人之间的等级关系可能会因此松动。1836 年，陷入困境的作家艾萨克·海勒（Isaac Heller）因在纽约用斧头杀害亲人而被公开处以绞刑。他在自己的书《艾萨克·海勒的人生和忏悔》（The Life and Confession of Isaac Heller）中言无不尽，自述时常在晚上感到惶恐不安，必须睡在自己农场的黑人劳工身边以寻求安全感。在父权制社会中，女性可能会利用黑夜来表达自己，正如 1768 年康涅狄格州的约翰·艾略特在日记中的抱怨，他回忆起妻子的"枕边呵斥"，描述她是如何"把前两任妻子、前两个孩子的陈年旧账一翻再翻"，让他们两个人都彻夜难眠的。[12]

　　同床共枕还允许某些禁忌的性关系的发生，包括未婚的仆人之间、主人和仆人之间的关系等。女主人有时会和女仆同睡一张床，以保护她们免受男性家庭成员不必要的骚扰。无论主人在床上做什么，仆人必须睡在主人的床腿旁边。16 世纪的美国新英格兰人阿比盖尔·威利如果不想接受丈夫求欢，就会让孩子挤在两人的中间。

　　然而，茫茫黑夜也能促成深厚的亲密关系。一些欧洲地区允许未婚的少男少女一起睡觉，以此来判断彼此的性格是否合适。在这种被称为"捆绑法"（bundling）的方法中，未婚男女共睡的床中间会放置一块隔板，绝对不允许性行为的发生。如今欧洲一些极端保守团体仍在实践这种做法，他们允许夫妇隔离起来同床而睡，但要求他们和衣而眠，身体不能接触，并且彻夜长谈。

和别人同床共枕有助于建立人与人之间的联系，并在天黑后带来无拘无束地聊天的乐趣。塞缪尔·佩皮斯非常热衷于这项活动——他不仅喜欢和女人一起睡，还喜欢和纯精神交流的友人一起睡。他的日记经常以"接着，上床睡觉"作结尾，而且他会在日记中根据床伴的谈话技巧和行为举止为他们排名。他最喜欢的床伴有商人托马斯·希尔，因为他能"对男人一生中遇到的大部分事情高谈阔论"，还有约翰·布里斯班，"一个头脑清醒、知识渊博的学者"，以及"快乐的"克里德先生，因为他提供了"令人满意的陪伴"。[13]

在许多社会中，同床共眠的现象依然普遍存在，日本人称之为"陪睡"（添い寝）。他们重视一起睡觉所带来的温暖、舒适的体验和安全感（安心感）。陪睡行为在有未成年孩子的家庭中特别常见。日语中的"安心感"被贴切地形容为一种安全的亲密关系[14]，在婴儿与父母同睡的家庭中尤为常见。观察、凝视、识别熟悉的面孔——这些都增强了婴儿的安全感，让他们能够睡得更好。被陪伴的婴儿在彼此交融中接受看护者的触摸、哺乳与呼吸，这种状态甚至会一直持续到大家都醒来。

人们认为日式床垫比传统高于地面的床适合陪睡。它有这样几个优点：随着孩子逐年长大，可以提供更多的睡眠空间；比床更舒适；当家庭人口增加时更容易添置。日式床垫可以让人感受到家庭中的和睦与温情，而传统的双人床是有界限的，具有排他性，是为特定的关系而专门设计的。在白天，日式床垫可以折叠起来，放在任何地方，也不需要为不同的家庭成员或客人提供单独的房间。"陪睡"是一种相互依赖的观念，远远超出了床或日式床垫的作用范围。日下部金兵卫的摄影作品《卧室里的姑娘们》约摄于1880年，画面中的两个日本姑娘可能是亲属关系，也可能不是。她们盖着绣花被一起睡在日式床垫上，床边放着一本书，彩绘屏风在她们身后展开。两个姑娘闭着眼睛，面对镜头躺着，幸福地满足于彼此的陪伴。

摄影作品《卧室里的姑娘们》（*Girls in Bed Room*），两个日本姑娘睡在一张垫子上。摄影：日下部金兵卫（Kusakabe Kimbei）

陪婴儿睡

　　然而，陪伴婴儿睡觉可能又是另一回事了，甚至可能会是一出悲剧。"当孩子睡着时／在夜里，我会夺取他的呼吸。"在本·琼森 1609 年出版的《女王的面具》（*The Masque of Queenes*）一书中，一个女巫如此说道。[15]"婴儿猝死综合征"，简称 SIDS（旧称为"Cot Death"，即婴儿猝死），是我们对 1 岁以下儿童出于不明原因而突然死亡的症状的命名，这种死亡大多发生在午夜到上午 9 点之间。过去，睡着的父母无意间压在婴儿身上使其窒息，是造成这种死亡的主要原因。《旧约全书》中有一段话谈及："这妇人的孩子死在夜里，因为她睡着时压到了他。"古希腊以弗所的医生索兰纳斯说，为了避免婴儿窒息，婴儿不应与照料他们的人一起睡，而是应当睡在母亲或奶妈床边的婴儿床上。[16]事实上，导致"婴儿猝死综合征"的原因可能涉及许多因素，包括感染、遗传疾病、接触烟草的烟雾以及被褥裹缠过紧导致窒息等——尽管事实证明，让婴儿仰面躺在床上可降低死亡率，然而，在我们为试图防范"婴儿猝死综合征"而做的努力中，"床"所扮演的角色，要么是最凶恶的恶魔，要么是最伟大的救世主，这取决于人们和婴儿同床时在床上的位置。

美国儿科学会建议"分床不分房"，指出同床而睡会使"婴儿猝死综合征"的风险增加50%。英国国民医疗服务体系的报告称，和不到三个月的哺乳期婴儿同睡一张床会使"婴儿猝死综合征"的风险提高5倍，即使他们的父母不吸烟、不饮酒也不服用任何药物。官方的信息很清楚：和孩子同床会杀死你的孩子。[17]

与此相反，生物人类学家詹姆斯·麦肯纳（James McKenna）对母子同床而睡的情况进行了调查，认为这不仅是安全的，而且也是出于"生物必要性"的行为，因为这有益于儿童和母亲的健康。他引用了三项流行病学研究，这些研究表明，同床而睡能使婴儿死亡率降低一半。[18]如今，大多数非西方世界的人都认为，母亲的床对新生儿而言是最好的睡眠场所：它提供了舒适的环境，也更方便母亲给孩子喂食，而且正如佩皮斯所知道的那样，共眠可以成为加深亲情的纽带。然而，对非西方社会的母亲来说，即使同眠也仍未导致婴儿死亡率降低，可难道这就是不与孩子同床而眠的理由吗？较高的死亡率可能与贫穷有关，而不一定是同床导致的。他们说，唯一公平的比较是，在富裕且高度工业化的日本，几乎所有婴儿都与他们的父母同床而睡，通常男孩会保持这种睡眠状态直到10岁。而日本是世界上婴儿死亡率最低的国家之一。

围绕床的辩论没完没了，婴儿们却都睡得很好。尽管如此，纵观历史我们会发现，床都是为婴儿设计的：吊床、吊篮、篮筐和婴儿床。这些床可以移动到看护人身边，以便他们在白天照看昏昏沉睡的孩子。公元79年的夏天，当维苏威火山喷发，掩埋了富有的罗马海滨小镇赫库兰尼姆（Herculaneum）时，一个婴儿就被留在了这样一个摇篮里。他是在一所房子的客厅里被发现的，如鸟类般细小的骨架躺在一个似乎塞满了树叶的垫子上。欧洲人的插图手稿展示了摇篮在13世纪掀起的热潮。那时的婴儿总是会被裹在布带里，双臂放在身体两侧，有时还会被绑在摇篮里。这样的捆绑起到了预防佝偻病（或者只是人们相信会起到预防作用）与防止婴儿哭泣的双重作用。只要伸出一只脚，任何一个家庭成员都可以一边忙着手头的工作，一边轻松地晃动摇篮。上流社会的家庭有时甚至会雇用专业摇篮手或保姆，专门为自家的孩子摇摇篮。[19]

　　王室的婴儿通常有两个摇篮，一个是白天用的，另一个较小，是晚上用的，无论哪个摇篮都用金银饰品和鲜艳的纺织品装饰着。大多数摇篮的两侧都很结实，也许还配有小小的顶篷或摇篮罩，可以用毯子或布帘遮起来，非常适于保暖，也可以隔绝外界的有害空气。摇篮两侧的插槽便于人们把它从一个房间移动到另一个房间。

　　到18世纪末，因为人们对四肢自由活动以及呼吸新鲜空气越发推崇，襁褓和摇篮已经成为过去。19世纪初，固定的婴儿床（在英国称为"cot"，即童床）开始取代摇篮，这在富裕家庭中更为常见。这种婴儿床的床侧被设计得很高，而且一般都配有喷涂了油漆的金属板条。床的一侧往往可以放低，以便人们把孩子从他的小睡笼中抱起来。婴儿床的出现和婴儿每天被放到托儿所里与父母分隔一整天的新模式是紧密结合的——这样他们也得被分隔一整晚了。虽然维多利亚时代中产家庭的孩子不再和父母同床，但他们依然会和其他孩子一起睡。后来出现了一种新的社会道德观：较为年长的孩子只能和同性兄弟姐妹睡觉。这代表，哪怕再小的房子也要隔出三间卧室：一间给父母，一间给女孩，一间给男孩。

在历史上，这种分床而眠的行为其实是非常现代的做法，甚至在 18 世纪的英国，大多数房间的功能都随着时段的改变而变化。虽然我们有时会发现，古代的床大多是用布帘或帷幔围起来的，但这不一定是出于保护隐私，也不一定是为了防范潜在的床伴；正相反，床帷发挥了其他实际的作用，包括保暖以及防止蚊虫叮咬等。

斯卡拉布雷那些史前的床周围的柱子上可能曾有可拆卸的篷盖，因为在这种情况下，在苏格兰的严冬中，人们必须想法保暖。与此同时，人们在埃及王后海特菲莉斯一世（Hetepheres I）的陵墓中发现了装饰奢华的床，年代大约是公元前 2580—前 2575 年。它被巨大的顶篷包围着，也许这种设计就是为了抵御蚊虫。这顶顶篷的骨架是用镀金木杆组成的可拆卸的长方形框架，上面可能原本搭着一块亚麻布做蚊帐。无需使用的时候，蚊帐会被存放在用不太贵重的宝石装饰的盒子里。

几个世纪后，中国画家顾恺之在《女史箴图》里描绘了一张气派的中国式的华盖床：一张矗立着四根床柱的床，床柱上铺搭的织物可能用于阻挡蚊虫。就像埃及王后的床一样，帷幔围绕着这张中国床，就像在房间里又套了一个房间。中国古代的床中有些足够轻便，可以搬出门外，这时，充当床幔的丝织品就足以让主人炫耀，还可以保护睡眠者免受日晒。

臭虫和其他床上动物

有着帷幔的床（有时候会被安装在墙上）通常也有一个额外的用途：允许人类和其他动物共享房间。只要人类生活在房子里，就会和身边的动物共享空间，但我们很少思考其中的含义。18世纪80年代，一个到过赫布里底群岛（Hebrides）的游客称，尽管当地人定期从房子里收集奶牛的尿液，但每年只会清理一次粪便。自古以来，王家的宠物狗一直出现在王宫内外，至今仍以王宫为家。中世纪的骑士们的雕像躺在大教堂里，他们的脚边总是趴着一条忠诚的猎犬。13世纪的法国国王路易十一是位和蔼可亲的君主，他拥有一条备受宠爱的格雷伊猎犬，名叫"米斯托丁"。它不仅有自己的床，还有为它特制的防感冒睡衣。17世纪，英国国王詹姆斯一世钟爱猎犬，而他的后代查理二世所养的西班牙猎犬也是名闻遐迩。今天，伊丽莎白二世女王身边也有几条著名的柯基，它们可不是睡在女王的床上，而是住在白金汉宫一间专门修建的犬屋里。

18世纪的凡尔赛宫遍地是狗。猎犬被关在外面的狗舍里，但其他大部分狗都和主人同睡一张床，或者睡在为它们特制的垫子上。拿破仑的第一任妻子约瑟芬皇后晚上睡觉时从不远离她的狗。那些狗会睡在羊绒披肩或昂贵的地毯上。为了掩盖它们排泄物的气味，她会在床的周围撒满玫瑰花瓣。

关于干净的标准，过去的人有着不同的看法。穆斯林被要求用流动的水进行常规的仪式性沐浴，而不是在被认为不洁的静水中坐浴。相比之下，17世纪末之前，西方的上层阶级基本就不怎么洗澡。精英阶层家庭的孩子可能要到两三岁才能洗上人生中的第一次澡。法国国王路易十三生于1601年，据报告称，根据精心制定并经宫廷御医批准的特殊王室日程，他在7岁生日前不久才洗了人生中的第一个澡。当时的人认为体液具有保护作用，而用过多的水洗澡才是有害的。

但是，大约在15世纪，出于卫生和道德的考量，一些欧洲批评家开始谴责多人同睡一床的行为。虱子可能是我们最怕的动物"床伴"，因为它代表着沉重的社交耻辱。虱子是一种很难解决的日常问题，唯一的办法是定期梳头、洗头并清洁胡须。人们精心设计出的细齿梳可以清除虱子卵及成虫，一时间成为必不可少的个人用品。当考古学家打捞出沉没的英国都铎时代战舰"玛丽罗斯号"（the Mary Rose）时，他们发现船上每个溺水而死的水手身上竟然都带着一把梳子。

温带臭虫（Cimex lectularius），这种常见的臭虫以吸食人类血液为生。[20]它的分类名称由卡尔·林奈（Carl linnaeus）创造，意思是"床虱"。臭虫可能起源于中东洞穴中的蝙蝠身上的寄生虫，当人类开始在那里定居时，它们的寄生宿主也发生了变化。根据化石推测，臭虫问题最早可追溯到公元前3500年以前，但随着城市范围的扩大和人口的日益密集，它们才慢慢找到了属于自己的领地。臭虫最早被发现于阿蒙霍特普四世的首都阿玛尔纳（El-Amarna），位于底比斯的下游，可追溯到公元前14世纪。早在公元前400年，臭虫就已经困扰着希腊人；而在公元8世纪的唐朝，中国文人也对臭虫抱有诸多怨言。

各种关于臭虫的神话层出不穷。老普林尼在发表于公元77年左右的《自然史》中表示臭虫有药用价值，而且这种观念延续了好几百年。到了18世纪，法国医生让－艾蒂安·盖塔尔（Jean-Étienne Guettard）建议用臭虫治疗癔病。而林奈宣称臭虫能治愈耳痛。

科学最终证明臭虫没有任何药用价值，而千百年来，如何能彻底消灭它们一直困扰着睡觉的人。人们不断向它们喷洒各种各样的有毒物质等危险品。一些英国人常用的办法是彻底清洗布料，或者把布浸泡在碱液（用灰烬和尿液混合制成的溶液）里，但这些都不太奏效。另一些人选择在房间里铺满桤木叶以及涂了胶水的面包片，以此作为陷阱捕杀臭虫。1746年的一则广告建议把"松节油"涂在床架上以及臭虫繁殖的地方。18世纪的哲学家约翰·洛克（John Locke）更喜欢把晒干的菜豆叶当作驱虫剂放在床下。熏蒸、火烧、烟熏甚至使用喷灯、硫黄或者用力擦洗，这些方法都对臭虫毫无作用。直到 1939 年"滴滴涕"（DDT）杀虫剂问世，臭虫才开始销声匿迹。

"滴滴涕"在第二次世界大战中被广泛使用，效果极好，因此在"婴儿潮"时期出生的孩子都没有被臭虫骚扰的经历。但后来人们发现，这种杀虫剂对动物，尤其是对鸟类危害很大，所以它于 1972 年被禁止使用。几十年之内，臭虫大军卷土重来。我们又拾起古老的方法来对付这种昆虫：扔掉沾了臭虫的床垫，洗干净亚麻布和衣服，一看到臭虫就把它们捏死之类的。但是，臭虫依然顽强难除，即使在最昂贵的旅馆和住房里都能找到它们的踪影。臭虫是睡眠者的噩梦，消灭它们，仍然是一个复杂、肮脏、令人浑身发痒的过程。

有动物当床伴也不总是坏事。即使在今天，许多西方人仍会和宠物睡在一起，这种现象在集中供暖出现之前可能更为普遍。奥尔良公爵（路易十四的弟弟）的妻子，巴拉丁公主伊丽莎白·夏洛特曾说，只有她的 6 条小狗才能真正让她的床暖和起来。

"消失"的床伴

尽管人们同床而睡的行为由来已久，但到 19 世纪末，在欧美主流国家，这种现象正在逐渐减少。19 世纪的美国医生威廉·惠蒂·霍尔（William Whitty Hall）不厌其烦地对人们进行从咳嗽到长寿等与健康问题相关的冗长说教，将共眠行为归为"动物（狼、猪和害虫毒兽）王国中最恶劣、最污秽的事"。他教导他的读者说，文明社会要分床而睡。然而，对许多西方社会以外的人来说，这种隐私概念仍然不是很重要。日语里甚至没有单独的词来表达"隐私"的含义，只能借用源自英语的外来词"プライバシ"（privacy）来表达。

然而，在现代西方，柏拉图式的共眠只发生在少数的非典型情况下，例如乘飞机、蹲监狱、露营或者参加长距离游艇比赛，还发生在寄宿学校、青年旅社以及睡衣派对等场合中。即便如此，人们也很少共睡一床。偶尔，很多人会在同一张床上睡觉，但绝不会在同一时间。一位南非朋友吉泽尔·肖赫（Gizelle Schoch）告诉我们说，她的许多朋友第一次到伦敦时不得不挤在一张床上睡觉："这座城市物价太高，所以通常别无选择。我记得有一次，在一座仅有 4 张床的房子里最多挤下了 19 个人。不过，他们不是全部睡在一起，而是轮流睡在床上。"[21] 电影制片人约翰·赫伯特（John Herbert）向我们讲述了 20 世纪 90 年代他在阿拉伯湾和北海拍摄时的经历，在那里，人们会在石油钻塔和补给船上睡"热床"（hot bed）。每张双层床上每 24 小时会有 3 个指定的睡眠者，每 8 小时轮换一次，这样人们永远不会同时睡在一张床上。在第二次世界大战期间，潜艇上的水手也经常轮流睡"热床"。而在进行必要的军事行动时，这种安排就更加常见了。

其他被迫共用床位的情况只有在人类遭受非人道待遇或忍受有辱人格的行为时才会发生，比如非洲奴隶被塞进殖民者的船舱里，或者人们被关进纳粹集中营里 —— 被拘禁者睡在不低于三层的架子床上，每个床位上都要睡好几个人。

在 2008 年的电影《枕边人》（Bedfellows）中，女主角半夜接到电话，发现睡在身边的不是她的丈夫，而是噩梦中的鬼怪。据说，这个桥段堪称电影史上最惊悚的两分半。这个片段的恐怖程度大概只有歌手坎耶·维斯特在 2016 年为歌曲《名人》（Famous）拍摄的音乐视频能与之相提并论。视频中出现了 12 个裸睡的名人形象，显然包括维斯特本人、小布什、金·卡戴珊和艾波·罗斯等。[22] 所有人都躺在一张现代床上，一字排开。这样做造成的后果是令人不安的。其中传递出的信息很明确：在现代西方社会，"床伴"的概念对我们来说就是一场噩梦。

第七章

移动的床

君主们花费大量时间旅行。早在皇家专列、豪华轿车和私人飞机出现以前，他们就必须想方设法在臣民面前彰显自己的权势。这样做的风险可能很高，例如，许多人认为，作为一个持续的政治实体，古埃及是一个稳定而和平的王国。在这个平静的王国中，法老象征着秩序与混乱之间的平衡，让种种敌人陷入困境。

事实上，古埃及是一个充满冲突的世界，宫廷中各大派系相互竞争，分庭抗礼。这是一个由城镇、村庄以及强大的信仰之力培育出的一众相互竞争的神灵组成的王国。法老通过监控行政管理、宗教意识形态和军事力量平衡这种各方利益互相对立的场面。这些现实情况使君主和高级官员每天风尘仆仆地去往境内各地主持重大节日的仪式，虔诚地向拉神、阿蒙神和其他神灵献祭。庄严的王室成员脚步不停，船只将他们带往国土的边界。一些法老，如新王国统治者图特摩斯三世（公元前 15 世纪）和塞提一世（Sethy I，公元前 13 世纪初）都是雄心勃勃的征服者，另一些法老则满足于管理好他们继承的领土，或被迫抵抗侵略者。无论他们喜好如何，每一位法老都必须远离自己的宫殿，出现在公众面前，这意味着他们不得不离开自己的卧室。然而，他们仍不会直接睡在地上，他们有可折叠的旅行床。

旅行床

考古人员在图坦卡蒙（死于公元前 14 世纪晚期）的陵墓中发现了已知最早的旅行床和三折床的实物。[1] 两折床在更早的时代就有了，这并不稀奇，因为两折床更容易制作。图坦卡蒙的旅行床似乎是专门为他做的，折叠成 Z 字形。这张床似乎经历了反复的实验，因为工匠们在铰链附近钻了一些多出来的孔，却从来没有使用过它们。铜合金上的四条木制狮腿，和三张亚麻编织的垫子一起被固定在木框架上。这是一张精心制作的轻巧小床，研究人员西本直子（Naoko Nishimoto）将这种设计形容为"天生的诗意"。

平民的旅行要简单得多，而且旅行者往往是些流动的季节工人。他们是由劳工和士兵、船工和石工组成的无名军队，为各种公共项目的配套设施工作。他们中有些来自不同村庄的劳工队，在宁静的农耕季节被征召建造金字塔，而其他人可能一生都在各种不同的工作之间奔波，在艰苦的条件下驯服地劳作。我们很难知道他们睡在哪里、是怎么睡的。开罗附近的吉萨金字塔需要无数工人才能建成，因此在这座伟大的历史丰碑以南，一座专为工人修筑的小镇静立在一堵高达 10 米的巨大石灰岩墙壁之后。埃及古物学者马克·莱纳（Mark Lehner）发现了一个面积广阔的城市遗址，里面包括作坊、面包房以及用作营房的综合设施。这个综合设施由 4 块睡觉用的平台组成，面向街道，由细细的木制廊柱支撑着轻型屋顶。综合设施中的每个平台可以容纳多达四五十个工人或警卫一个挨一个地挤着睡。[2] 他们可能和衣而眠，或是把自己裹在毯子里。他们的行李很少，从村庄到工地总是一群人结伴而行，基本的生活用品都由工地提供。

古埃及工人睡在地上。时至今日，世界各地数百万的流动工人和旅

图坦卡蒙法老的三折床

行者仍然睡在地上。他们对此没有什么异议，因为睡在地上只需要绒布、毯子或者自己的外套。荷马时代的英雄奥德修斯的儿子特勒马克斯拜访墨涅拉俄斯国王的宫殿时就被安顿在门廊里："海伦兴致勃勃地告诉侍女，在门廊的遮蔽处铺好床，让他们自己在床上铺上厚重的紫色铺盖，再铺一些毯子，厚厚的羊毛长袍，还得盖上暖和的被子。"奥德修斯在杀死佩内洛普的追求者之前也曾睡在自己宫殿的地板上："把生牛皮摊在地板上，在上面堆上绵羊毛，然后他舒服地躺了下来，欧律诺墨扔给他一条毯子。"[3]

　　20 世纪的英国探险家威弗瑞·塞西格（Wilfred Thesiger）是个对传统有着神秘献身精神的旅行者。他一生中的大部分时间都在偏远的地方度过，比如撒哈拉沙漠的提贝斯提山脉（Tibesti Mountains）和阿拉伯传说中的空白之地（Empty Quarter）。塞西格总是轻装旅行。当他和伊拉克南部沼泽地的阿拉伯人一起生活时，他裹着毯子和外套睡在潮湿的地上，对周围蜂拥而至的昆虫毫不在意。在沙漠中，他感受到自己"与过去和谐相处"，有如在太空和寂静中穿梭，就像"人类在沙漠中旅行了无数世代"般信赖着自己的骆驼和自己的技能。塞西格还在中亚的山区中旅行过。1956 年，他遇到了另一个著名的旅行者——艾瑞克·纽比（Eric Newby），以及纽比的一个朋友。他邀请他们与自己住在一起。在看到这两个人把充气床吹得涨起来时，他笨嘴笨舌地说："你们一定是一对同性恋。"[4] 20 世纪 20 年代，美国人欧文·拉铁摩尔（Owen Lattimore）跟着蒙古骆驼车队一起在欧亚大陆旅行。他惊叹于游牧民族对他们的牲口和看似单调的地貌上的生态环境的熟悉程度。除了驮运货物之外，骆驼还为牧人驮运食物和茶。拉铁摩尔后来习惯了在晚上随时拔营而走、吃手上有的任何东西、睡在"我可以躺下来的任何地方"。对穷人和无畏的旅行者来说，他们的床数千年间未曾改变。[5]

无论是过去还是现在，床都是一种笨重的家具，这意味着只有富人才可能拥有私人的便携床——无论是因为这种精巧的、可折叠的床代表着法老的荣耀，还是因为即使便携也需要仆人进行搬运。前现代的王室家庭中储存了大量的床，包括用于军事活动的折叠行军床以及用于外交场合的床（这种床的设计显然是为了让人看到并欣赏）。这些床可以折叠，但是它们可能具备精心设计的复杂结构，包括通常在普通床上才有的顶篷、帷幔和其他配件，因此它们也彰显着主人的富有。

著名的金缕地（Field of the Cloth of Gold），也许是可移动的睡眠场所的终极形式。这是一个精心搭建于加来以南的帐篷营地，专供英格兰国王亨利八世和法国国王弗朗西斯一世于 1520 年 6 月 7 日至 24 日进行的会晤使用。在自己的营地里，亨利修起了一座宫殿的复制品。它有砖筑的地基、帆布的装饰以及木结构的墙。两个君主都试图通过壮观的临时建筑、盛宴和比武来使对方相形见绌。帐篷、家具和王室的床都用丝绸和金线织成的织物装饰（"金缕"之名由此而来）。现场的会晤是一场精心策划的外交竞赛，君主之间的竞争甚至延伸到了各自奢华的床铺上。[6]

虽然少有这种机会以炫耀王室级别的奢华，但许多富裕的人在旅行时都会带上他们那些精心设计的睡眠场所。英格兰北部斯托克波特的遗产服务公司拥有一张可以追溯到公元 1600 年左右的移动箱床。这张箱床十分奢侈，里面配有一套用于爬上床的楼梯、两个紧锁的假发盒和一对夫妻的两组雕像，表明这是一件结婚礼物。这样一张床的主人不需要和旅行中的陌生人，或者他们携带的寄生虫同床共枕。日记作家约翰·伊夫林（John Evelyn）回忆了他与另一个人在瑞士布夫雷（Le Bouveret）的旅馆中共享床铺的时光。由于他"深感疼痛而昏昏欲睡"，所以没有换床单，但他"很快就为自己的急躁付出了沉重的代价 —— 染上了天花[7]"。

流动的行军床

古代的士兵在行军作战时也会睡在地上，他们普遍使用皮革帐篷，装在架子上，用骡子驮运。这种帐篷可以在约 2.96 平方米的空间里容纳 8 名士兵休息。百夫长用的帐篷会更大些，他们也会把自己的帐篷当成作战室使用。军官的帐篷更大，甚至要用几头骡子来驮。罗马的要塞和驻防部队组织得更为严密。在兵营里，士兵们住在长长的住宿区里，这里又被分成许多小区域，一个小队共住一个区域，百夫长的帐篷占据住宿区的一端。每个小队中有 8 个人，每个住宿区里可以睡 80 个人，普通士兵睡的大概是简单的双层床，而军官的条件会更舒适一些。从恺撒时代（甚至更早）以来，容易打包的战地家具就成了高级军官的累赘之一。这样的辎重使军队不堪重负，导致 18 世纪和 19 世纪的军队根本无法快

印度拉贾斯坦邦的老人坐在用椰壳纤维编制的"查波伊"上，这是一种有床腿的便携式床

在现代的博物馆中展出的 1815 年滑铁卢战役前夜拿破仑指挥总部的营地床和他的卧室兼书房

速行军。1858 年，英国元帅柯林·坎贝尔（Colin Campbell）在印度殖民地叛乱后离开勒克瑙，据说那时运载他行李的列车长度超过 30 千米。据《泰晤士报》的威廉·霍华德·拉塞尔说，这位将军的行李包括"从四柱大床到帐篷床——各式的床"，还有足以填满一栋小房子的家具。这种拖泥带水的行动作风在战略规划上十分危险，这是英国人在 19 世纪末那场要求高机动性的布尔战争（the Boer War）中才学到的教训。

坎贝尔手下的士兵可能会睡在印度轻便床"查波伊"（charpoy）上面，这个词源于波斯语的"chihar-pai"，意为"4 英尺"，早在印度兵变之前，他们就已经在使用这种床了。14 世纪摩洛哥的旅行者伊本·白图泰（Ibn Battuta）以极有说服力的语言夸赞"查波伊"说："印度的床非常轻，一个人就可以携带，每个旅行者都有自己的床，奴隶甚至可以把它顶在头上走路。这种床有四条锥形床腿，床腿间有四根横杠，中间编织着丝绳或棉线。当你躺在床上时不需要任何床垫，因为这张床已经足够有弹性了。"[8] 在 19 世纪末的殖民战争期间，锡克教士兵也把这种床带到了苏丹。

与印度士兵不同，大多数欧洲士兵都睡在地上。行军床只在极少数的情况下才存在。乔治·华盛顿的行军装备包括帐篷、餐具和折叠床。他从位于纽约纽堡的指挥总部北上前往军事设施时，使用了一张带有可折叠金属框架和薄床垫的折叠床。而另一张保存在他的弗农山庄里的折叠床，可以用铰链巧妙地连接起来，便于运输。在滑铁卢战役的前夜，威灵顿公爵和拿破仑·波拿巴相距不到 6 千米，两人都睡在远远谈不上奢华的长榻上。那位"铁公爵"躺在后来被他的传记作者、朋友兼战友——乔治·罗伯特·格雷格（George Robert Gleig）形容为一张"没有床帏，被褪色的绿丝绸罩起来的露营床[9]"上。1852 年，在肯特郡的沃尔默城堡里，威灵顿公爵就是躺在这张床上去世的。拿破仑皇帝在一张可折叠的行军床上度过了这场战役的前夜，那张床凭着设计巧妙的球窝式连接处，可沿着长和宽折叠起来。安装在车轮上的六条床腿支撑着床架，而床架上则用青铜钩和铁钩固定着一张薄薄的斜纹布床垫。需要搬运时，这张折叠床就装在一个结实的皮箱里。皇帝和他的高级军官都睡这种床，有的安了床帐，有的没安。拿破仑非常喜欢这张床，就像威灵顿公爵一样，1821 年 10 月，他在被流放于圣赫勒拿岛期间也在自己的行军床上长眠了。[10]

一些行军床能使用很长时间。在半岛战争期间（1808—1814 年），西班牙第 42 步兵团（"黑卫士"，the Black Watch）的 J. 马尔科姆中尉所用的那张床是由轻巧的空心管状金属框架和两块用系带固定的帆布组成的，可以快速折叠成一个箱子。后来马尔科姆的孙子同样进入了"黑卫士"服役，并在 1882 年参与 H.H. 基钦纳领导的埃及战役期间睡在这张行军床上。现在这张床被收藏于军团博物馆中。

"野蛮"的假日

露营是为了消遣而不是为了征服。在 19 世纪末和 20 世纪初，露营在英国和其他地方流行起来，这在一定程度上是由 1872 年成立的"少年军"和 1910 年罗伯特·巴登－鲍威尔将军发起的"童军运动"引领的，这两个组织都强调户外生活的必要性，以及个性的发展与自然之间的关系。巴登－鲍威尔是户外活动的狂热粉丝，甚至会在大雪天睡在自家露台的床上。多亏了童子军活动，露营成了人们摆脱城市繁忙日常生活的一种方式。探险家和传教士在偏远地区旅行、在异国他乡搭起帐篷野营的故事激动人心，增添了这项活动的吸引力。露营为人们提供了"野蛮"的假期，还有因户外的风吹日晒变得黝黑的脸和四肢。这种新的热情恰恰与工业化世界里怀旧的幻想不谋而合——对美妙的景色，对令人心旷神怡的乡村，对"初秋的伊甸园"。这是露营床第一次进入主流社会，因为追求伊甸园并不等于一定要睡得不舒服。

《田野与溪流》（*Field and Stream*）杂志的编辑沃伦·米勒（Warren Miller）在 1915 年出版的《露营技巧》（*Camp Craft*）一书中介绍了各种类型的露营床，包括标准担架床和更精致的、可以折叠成"36 英寸 × 8 英寸的小包裹"的小帐篷床。经过户外用品商"阿贝克隆比"公司改良的木棍拼接床，配备了带着小口袋的卡其布和羊毛被，以供木棍穿过，将整张床组装起来。这种床可以收纳成一个重约 2.7 千克的小包。据米勒所言，女士们和家人一起露营时"不用再忍受硬床垫、绳床等户外装备带来的不适[11]"。

在旅途中，人们会睡在毛毯、外套、席子或地毯上，但无论在什么地方，最合乎逻辑的旅行寝具都是睡袋。在今天，睡袋往往是内置保温隔层的轻薄便携被子。现代的户外用品生产商提供了适合各种温度和天气条件的睡袋，甚至出现了一种附带绝缘头罩的所谓的"木乃伊睡袋"。如果再加上一个露营袋作为防水层，你就拥有了野外露营或荒野徒步旅行必备的所有最基本的装备。先进的技术已经把 20 世纪 60 年代的简易睡袋变成了一个几乎是为野营者量身定做的睡眠场所。

睡袋并不是由某个人发明的。19 世纪 50 年代，德国农民将塞满了枯叶、干草或麦秆的麻布袋当作"睡袋"。19 世纪的法国山区巡逻员会把羊毛内衬的羊皮背包卷起来背在身上。1861 年，阿尔卑斯山的探险家弗朗西斯·福克斯·塔克特（Francis Fox Tuckett）测试了一种带有防水橡胶底的毛毯睡袋，这种简陋的寝具不过是一个开放式的、人形大小的袋子罢了。威尔士企业家，在纽镇从事羊毛和法兰绒制造的普赖斯·普赖斯－琼斯把睡袋引入了国际市场。他开发出"尤克里西亚"

睡袋（Euklisia，源于希腊语的"eu"，即"好"和"klisia"，即"小床、睡觉处"），这是一种近 2 米长的毛毯，在顶端偏向一侧的位置有一个用来放置充气橡胶枕的口袋。人一躺进去，就可以把毯子裹到身上保暖。[12]

普赖斯－琼斯 12 岁时跟随纽镇的一位布商当学徒，随后他接手了生意，并意识到了邮件和铁路网络的潜力，于是出版了世界上第一份邮购目录。1877 年，在俄土战争期间，他趁机向围攻保加利亚城市普列文的俄罗斯军队出售了 6 万个"尤克里西亚"睡袋。这座城市陷落之后，俄罗斯人取消了剩下的订单，留给普赖斯 1.7 万条尚未交付的睡袋。他将这些睡袋添加到邮购目录中，作为一种廉价的床上用品出售给与穷人打交道的慈善机构。这些睡袋很受欢迎，因此被英国军队采用，也让那些在澳大利亚旅行的人成为它的拥趸。遗憾的是，如今没有一条原始的"尤克里西亚"睡袋被保存下来，但 2010 年英国广播公司根据原始专利，委托定做了一条这种睡袋的复制品，并把它捐赠给了普赖斯－琼斯家乡的博物馆。

睡袋对极地旅行者具有明显的吸引力。在 1888 年滑雪穿越格陵兰岛之前，挪威探险家弗里乔夫·南森（Fridtjof Nansen）及其五个朋友与拉普兰人（Laplander）和因纽特人一起生活，以观察他们如何适应极端的寒冷气候。他们寄宿的房主睡在海豹皮做的毯子下，所以南森也向他们学习，缝制了一条可供三个人共眠的睡袋。一年后，一家挪威填料制造公司（G. Fuglesang AS）把南森的睡袋推向商业市场。这些睡袋逐渐演变成"木乃伊式样"，有些睡袋还设计有专门让四肢伸展开的空间。1902 年，罗伯特·斯科特船长和他的队员在南极探险时靠驯鹿毛皮睡衣御寒。穿这种睡衣很麻烦，就像在和一条巨蟒搏斗。英国的极地探险队依靠人力运输物品，使得汗水流在衣服里面。留在睡袋里的水分会凝结成冰，让人很难把睡袋卷起来，也很难钻进去，要等到人体散热把冰融化才行。斯科特的竞争对手罗尔德·阿蒙森特别重视因纽特人和拉普兰人的传统保暖方法。他和他的队员效仿这些当地人，穿上宽松的毛皮大衣，既方便穿脱，又有效御寒。他们还几乎完全依靠雪橇犬来运输物资，既安全又快捷。现代的合成纤维不吸水，即使被完全浸泡也很容易变干，而它的竞争对手虽然更轻便，保暖效果更好，但必须保持干燥。如今的睡袋简直像旅行床一样普及，以至于几乎让我们忘记了直到第二次世界大战期间，美军只为士兵们分发卷起来的毛毯和防水帐篷垫。

在普赖斯-琼斯申请了"尤克里西亚"睡袋专利的13年之后，马萨诸塞州雷丁市的一家气动床垫和靠垫公司生产了第一张商用充气床垫。这种床垫看起来很像我们的邻居在自家游泳池边懒洋洋地休息时用的那种，但它们最初是作为大西洋轮船上使用的毛发填充床垫的替代品而被研发出来的。充气床垫有许多优点：易于放气、存放，而且至少在理论上能当成救生筏用。在不断扩张却日益拥挤的都市里，充气床垫也是初来乍到的人搬进狭小公寓时的理想选择。这家气垫公司的广告吹嘘说，充气床垫不会滋生臭虫或细菌，也不需要定期翻动，没有气味，更不会发霉或受潮。这种充气床垫还配备了充气袋盖子，易于清洗，可以保护气囊。充气床垫有三种尺寸：1/2、3/4和全尺寸，售价"22美元起"，包括气泵和床垫块。他们甚至还为床垫提供30天试用期，如果不满意可以全额退款。

充气床垫并不是这类产品中的第一种。早在16世纪，法国家具商威廉·德雅尔丹（William Dejardin）就开发出了一种用油蜡帆布制成的充气式"风床"。这个点子仍然存在，但帆布里的气体泄得太快，所以很快这种床就被不断更迭的技术抛诸脑后。三个世纪后，在1849年的淘金热期间，美国拓荒者玛格丽特·弗林克和丈夫从印第安纳州经陆路前往加利福尼亚。她清点了他们放在篷车里的行李和口粮："我们有一张橡胶床垫，可以充气，也可以灌水，能铺成一张非常舒适的床。白天我们可以把空气或水放空，这样就能节省不少空间。"[13]

今天，你可以买到更高的充气床，它内置气泵和用于快速放气的"嘶嘶"阀，还有在室内使用的独立控制装置以及专为应付恶劣旅行条件的种种更为精心的设计。荷兰设计师加纳普·睿杰森纳（Janjaap Ruijssenaars）做了一个关于"悬浮床"的美妙白日梦，梦到的可能是充气床垫的终极形态：人们睡在距离地面40厘米的床上，安装于床垫底部和地板上相斥的悬浮磁体可以支撑近1吨的重量。但是，它不能被用作旅行床，而且太贵了，预计2019年的售价约为3万美元。

移动的家具

除了旅行，人们还经常在自家附近搬动床铺。在房间成为单一而独立的功能场所之前，这是再正常不过的事情。中世纪简陋的小床和南亚的"查波伊"都可以放在任何有需要的地方，这样的床可能从人们不想再睡在地板上时起就已经出现了。大多数现代的巴基斯坦家庭仍在使用"查波伊"，它用途灵活，功能多样，支撑着日常生活的方方面面：妇女可以倚靠在上面与女性亲友聊天；用鲜花装饰一下，就可以当作婚床使用；可以改造成分娩床；可以悬挂婴儿的摇篮，甚至可以用来烘干衣服或香料。男人可能会把它当成讲台，在公众面前发表演说，或者将其当作理想的非正式交谈场所。就连几个孩子也能轻松地把它搬到屋外的露台或屋顶上。睡在这种床上时一般还要挂一顶蚊帐，但这样并不会让这张床看上去是被某个人独自占有的。巴基斯坦旁遮普邦的贫穷小镇德拉加济汗（Dera Ghazi Khan）的居民已经把"查波伊"的发展推向了极致——他们制造出名为"哈茨"（khatts）的超大版本"查波伊"，每张可以坐 24 个人，所以被用作聚会场所，是亲朋好友在假日或傍晚聚在一起闲聊的绝佳平台。

在古埃及、美索不达米亚和希腊都出现过常规（单人版本）"查波伊"的衍生产品，但它的基本样式经久不变。这种床非常轻巧，可以用纤维和棉条轻易地编织出来，被广泛应用于苏丹的城镇和乡村以及亚洲各地。中国农村也有许多人睡在编织的绳索床上，这种床基本上只是在木制的框架上绑好紧密编织的绳子，制成一个稍有弹性的坚固平台，用来铺床褥或毯子。简陋的旅店里总是堆放着这种轻巧、便携的床。它们如此轻便，用途如此多样，可能永远不会过时。

睡觉用的"网"

吊床作为一种最简单的床（如果把它算作床的话）起源于美洲。随着西班牙殖民者返回欧洲，这种非凡的艺术品也被带了回去。1492 年，哥伦布在日志中提到，每天都有许多印第安人到他的船上交换棉花和吊床——他们称其为"hamaca"，意思是"睡觉用的网"。在被正式载入史册之前，吊床已经在中美洲和南美洲被使用了几个世纪。西班牙语单词"hamaca"是从印第安阿拉瓦克人（Arawak）和泰诺人（Taino）的词语"hamaka"借鉴来的，指的是"布料的弹性"，实际上就是将织物、网或绳索悬挂在两个固定的点之间。吊床在中美洲和南美洲的丛林环境中有很大的优势，它们较为轻便，便携性高，几乎可以悬挂在任意两棵树之间的任何地方，而且非常舒适。最重要的是，它们能保护睡觉的人不受蚂蚁、毒蛇和其他昆虫叮咬，更免于传染病的侵害。吊床成了新大陆的持久性象征。1630年，弗拉芒的巴洛克风格雕刻师西奥多·加勒绘制了一幅标志性版画。画中，探险家阿美利哥·韦斯普西正在唤醒一位美丽的原住民妇女，而她在惊讶中从一张吊床中爬起身来。

吊床从来都不是结实耐用的物品，它们很容易制造，也容易丢弃或遗失。这意味着我们对吊床在哥伦布到达美洲之前的历史几乎一无所知，但据说它们在西班牙征服美洲之前将近两个世纪就从加勒比海来到了尤卡坦半岛。据我们所知，吊床在玛雅文化及其神话故事中并不占据什么突出地位。然而，在欧洲人到达美洲之前，吊床早已在亚马孙雨林中被广泛使用。

尽管欧洲人有时会用吊钩挂起棉布充当马车的座位，但在哥伦布把吊床带回欧洲之前，那里还没人知道吊床具有旅行床的功能。它们最初主要用于海上：1590年前后，吊床开始出现在帆船上，1597年被皇家海军引进，供水手使用。在有限的空间里，吊床是一种非常理想的床，它们悬挂着，随着船的晃动而摇摆，非常舒适。水手睡在上面，在波涛汹涌的海面上就不会有从床上掉下来的危险。吊床可以被紧紧地卷起来，扎好放到一边，也可以堆放在战舰甲板上，用网罩起来，使其在战斗中提供额外的保护。水手睡在各自的吊床上，即使一个紧挨着一个，也能像睡在茧里一样舒适。那些在战斗中阵亡或在海船上丧生的人，会随着重物一起被包裹在自己的吊床里海葬。"二战"期间，丛林作战的需要促使美军在缅甸等地使用带蚊帐的吊床。美国海军陆战队在新不列颠岛和其他潮湿、昆虫密集的岛屿上也会使用吊床。他们甚至把吊床挂在狭长的壕沟里作为掩护，避免中弹。在越南战争期间，美军和越共都使用了吊床。吊床甚至在太空中也派得上用场。在阿波罗登月计划中，登月舱里的宇航员们在月球漫步的间歇都会在吊床里休息。

如今，吊床产业非常庞大，尤其在中美洲国家，吊床出现在客厅和露台上的频率就和出现在卧室中一样高。吊床通常是用织布机编织的，是尤卡坦半岛的一种重要工艺品。每年11月的圣萨尔瓦多都会庆祝吊床节，那时，工匠们会数以百计地售出鲜艳多彩的编织吊床。吊床也很适合婴儿，它能适应孩子的脊柱弯曲度，在婴儿紧张乱动时会随之晃动，起到安抚作用，而且还可以被随手安装在任何地方。

铁路床和公路床

我们现在睡在两个世纪前的人们难以想象的床上。几千年来，除非身处军队或舰队中，否则旅行者常常独自上路，或仅有几名旅伴同行。在颠簸的道路上，乘坐驿马车就是一种折磨。在车里，旅客全部挤在一起，就像某位少校在1815年描写的那样："拼命但徒劳地试图入睡，可脑袋撞在侧板上，而一个打着呼噜的农夫正靠着你的另一个肩膀。"[14] 他抱怨说膝盖没地方搁，马车夫的号角不停地发出刺耳的悲鸣，坐在他对面的"老姑娘"还在目不转睛地盯着他。后来，铁路成为紧密连接城市和城镇的大众旅行新方式。坐火车旅行可能要耗费好几天，这代表人们不得不在火车上睡觉。最初，乘客们睡在自己的座位上，那些座位一般都是硬板凳，就舒适性而言没做任何妥协。19世纪30年代，最早的卧铺车厢出现在美国，它的内部配备24张床位，白天可以改成座位，这样就不会再让乘客感到那么不适。

在美国，有一个人的名字成了"文明时代铁路旅行"的代名词——乔治·莫蒂默·普尔曼（George Mortimer Pullman）。[15] 普尔曼是一名橱柜制造商和工程师，因为在芝加哥用螺旋千斤顶把建筑抬升到洪水淹不到的高度而声名大噪。他第一次乘火车时觉得非常不舒服，因此决定自己为芝加哥和奥尔顿铁路公司制造卧铺车厢。他用铰链把车厢下端的座位连接起来，用绳子和滑轮把车厢上端铁制的铺位固定在车顶上。新的卧铺车厢并没有成功，所以4年后，普尔曼又设计命名了"先驱号"（the Pioneer）的车型，比之前的车型更宽、更高，内部坐垫下方的橡胶弹簧可以让乘客更舒服。白天，"先驱号"就像一辆复古豪华的客车，但每当夜幕降临，这里就会变成车轮上的双层酒店。"折叠座椅与上层铺位"的组合把普通客车厢变成了卧铺车厢。训练有素的乘务员会来安装私人隔断，然后铺上整洁的床单。这种卧铺车厢的出现说明乘客对舒适度的要求日益提高。普尔曼的卧铺车厢因担任林肯总统的葬礼车厢而获得了巨大的宣传效应，很快就进入了商业服务领域。到了1867年，他在三条铁路线上总共运营着将近50节车厢。在美国铁路发展的高峰期，有许多车次的每节车厢都是普尔曼卧铺车厢，包括20世纪纽约中央铁路公司（New York Central Railroad）的列车。

躺在火车车厢里的卧铺上有一种与生俱来的浪漫。尽管远远谈不上舒适，但在伦敦和苏格兰之间的通宵旅行也有一种在异国冒险般的情调，因此获得了大量旅行者的青睐。英国传统卧铺车厢里的床又窄又短，让高个子的人非常难受。如果乘客的腰围太粗，翻身时一不小心就会掉下床去。但是它们仍然比法国传统卧铺车厢更舒适一些。在那种传统车厢里，6个陌生人会紧紧地贴在一起睡。今天，这种卧铺车厢在许多国家仍然很常见，特别是在印度，那里的普通卧铺车厢是没有空调的，内部两侧各有3个铺位，面对面的铺位距离较宽。最豪华的是商务车厢，一节全尺寸的商务卧铺车厢会分为8个隔间，其中两个是专为夫妻准备的。车厢还提供非常宽的卧铺和铺有地毯的隔间，床上用品自然也是一应俱全。

在现代，没有什么卧铺车厢能跟"东方快车"相媲美，它是铁路上的奢侈体验的终极典范。1883年，国际卧铺车公司创立了"东方快车"，开创了由巴黎东站出发，最终抵达伊斯坦布尔的特色豪华旅行线路。随着时间的推移，"东方快车"的行程也发生了很大的变化。1982 年，这项业务转变为私人运营，"东方快车"更名为"威尼斯－辛普伦东方快车"（Venice Simplon Orient-Express），使用的是 20 世纪 20—30 年代的经过翻新的车厢。在 21 世纪初的几十年里，人们可以坐在配有舒适沙发的双人小隔间里旅行，里面还配备普尔曼式的卧床，一张上铺和一张下铺。乘坐这列火车旅行时，你会像是穿越到阿加莎·克里斯蒂那部不朽的侦探小说《东方列车谋杀案》的世界里，但（我们希望）这种情节不会发生在现实生活中。

休闲车（recreational vehicle，简称 RV）是铁路上的卧铺车厢理所应当会衍生出的后代。[16] 最早的房车于 1910 年左右出现在加拿大和洛杉矶，基本上只是经过改装的汽车或后面的拖车，毫不夸张地说，它们看上去就像是拖车上的小房子。第一款真正意义上的休闲车是皮尔斯箭头（PierceArrow）生产的"巡游马车"（Touring Landau）。它的折叠式后座可以展开成一张床，车内还配备马桶和一个能从驾驶座后面拉开的水槽。这辆车的司机会通过电话和乘客们沟通。在随后的几十年里，露营车开始流行起来，部分原因是国家公园越来越受欢迎。起初，国家公园里的游客大多都在路边搭帐篷；后来，除了行情暴跌的帐篷，一些拖车还配备了旅行用的折叠床。很多游客会把锡罐焊接到散热器上来加热食品。1967 年，温尼贝戈公司开始大规模生产配有冰箱、煤油炉甚至特大号床的休闲车。2019 年，在美国和加拿大有超过 800 万个家庭拥有房车，并以此畅享度假时光，还有 45 万人以房车为家，漫无目的地开车游荡。

假如说睡在车里的旅行奇怪地令人着迷，那么睡在飞机上的体验可就另当别论了。我们中的很多人都很熟悉狭窄拥挤的经济舱座位、逼仄的腿部空间和鼾声如雷的邻座。很少有人体验过阿联酋航空公司的空客 A-380 的头等舱，这种巨型客机配有双人床和独立浴室。更低一级的头等舱（偶尔也包括商务舱）的座位是可以躺平的折叠座椅，它通常足够长，但不太宽，没法舒服地安放胳膊肘。这种躺椅座位和过去的飞机卧铺比起来可差远了，以前波音公司的双层客机"同温层巡航者"（Stratocruisers）和洛克希德公司的客机"星座"（Constellations）都有足够的空间放置上下铺、床垫、床单、阅读灯和窗帘，有时甚至会允许乘客在床上吃早餐。从各种层面上看，这都是在多数商务差旅人士都能买得起机票的年代试图在空中复制铁路卧铺的成功的努力成果。当然，也不是说这样就能让乘客睡得更香。假如你在飞机上的铺位高于或低于你的同舱乘客，就会发现有很多乘客用免费酒把自己灌得醉醺醺的；假如你预订了无烟座位（如果飞机上有的话），那么很快你就会发现整个机舱的空气质量其实都差不多。你会觉得自己好像睡在一场气氛逐渐高涨的派对上。后来，随着"同温层巡航者"这样的豪华客机被时髦的喷气式客机和大型喷气式客机取代，飞机上的床也彻底消失了。在这些新兴机型上，人们尽可能地在机舱里塞进更多的乘客，以效率取代了豪华。

尽管经历了几个世纪的试验，我们也并没有让自己的睡眠方式离"睡在地上"或是"睡在狭窄的露营床上"远得太多——我们还是把自己裹在毯子里，让自己睡在袋子里。多亏了太空时代的科技，我们的床上用品可以干得更快，露营床也更加轻巧。但床，无论被改造成何种形式，其本质仍是为卧室而生的造物。

第八章

君主之床

在中世纪的欧洲，几乎每个人都睡在稻草上，可能是裹在外套里直接睡在地上，也可能是睡在铺着皮革或毯子的塞满稻草的麻袋上。他们通常住在与动物共享的公共住宅里，靠着壁炉挤在一起取暖。在这种环境中，人们会用一个塞满稻草的大麻袋"为自己铺床"。在庄园主的家宅中，那些占主要地位的家庭成员可能会睡在侧室。这个房间通常紧挨着主卧室的内墙，或者设置在住宅深处。这种房间的窗户没有玻璃，卧室挡不了风，卫生条件很差。只有最重要的领主才能睡在较高的床上，就像传说中的丹麦国王贝奥武夫，睡在那些跟随他的、蜷伏在大厅里休息的武士之中。除了躺在自己的盔甲上以外，他们可以随便躺在任何东西上睡觉。

与1066年征服英格兰的诺曼人相比，贝奥武夫手下的勇士就像一群野蛮人。诺曼人更喜欢舒适的环境，所以他们建造了房屋供领主居住，里面的卧室是起居室的两倍大。这些房间既是卧室，也是会客厅，无论是贵族还是普通劳工都能在这里受到接见，如果到访者举止得宜，还能得到奖赏。这些就是几个世纪后欧洲王室正式的卧室原型。

国王的床

12 世纪，大多数欧洲王室的宅邸被划分为三个部分：小教堂、大厅和统治者的卧房。在英国，管家负责管理卧房，全天候侍奉国王。由于戒备森严，这间卧房是存放贵重物品的安全场所，在当时相当于国库。"更衣室"（wardrobe）由此演变而来。那是储存衣服、洗漱的地方，如果有活水，它也可以算作卫生间，里面会放一个定期清理的便桶。

到了亨利三世时期（公元 1216—1272 年），英国王室在伦敦威斯敏斯特的主要宫殿里设有一间饰有彩绘的房间，兼具觐见室和卧房的功能。这间房间长 24 米、宽 7.9 米、高 9.4 米，大量涂绘着以邪恶与美德为主题的壁画，以及诸如所罗门王之类的守护神画像，以护佑国王安睡。[1] 可悲的是，这间引人注目的房间在 1834 年被烧毁了，隔壁的大厅幸而尚存。好在，它的内部细节都以文字形式被妥善地记录下来了。亨利三世毫无节制地把钱花在修饰他和王后的卧房上面，这引起了不堪重负的臣民的不安。他的继任者爱德华一世（公元 1272—1307 年在位）让伦敦塔里的卧房窗户第一次装上了玻璃，阻止了穿堂而过的大风。到这时，王室的床铺已经变得相当舒适了。24 岁的英国诗人杰弗里·乔叟时任国王的贴身侍从。除了承担守卫等职责外，他还每天为国王铺床，并为他提供"大量枕头"和足够柔软的织物，因此国王睡觉时再也不必辗转反侧了。乔叟一直都是王室的宠儿，随着他作为诗人的名气越来越大，他也得到了晋升，担任更重要的职务。1374 年，国王每天赏赐他 1 加仑葡萄酒作为津贴。

在王宫和其他大型宫殿的内务财税清单上，床总是最引人注目的东西。那些漂亮的王室用床装饰华丽，王室成员睡在绣着王室纹章和其他象征符号的精美丝绸床品上。王室的家族文件和遗嘱都表明床是他们最珍贵的个人财产，因此床似乎成了王室的象征，成了一座上演君主制大戏的舞台。统治者坐在床上裁决国家大事 —— 这是一张"国务床"。

法国国王们保持着在床上宣判裁决的悠久传统。路易九世（公元1214—1270 年，又称圣路易）时代颁布的一部法典规定：王室的床应当永远是国王进行审判的地方。近 500 年后，17 世纪的法国作家兼医生伯纳德·勒·博维尔·德·丰特奈尔（Bernard Le Bovier de Fontenelle）评论道："正义之床是正义安眠的地方。"[2] 在那个时代，君主的床会放在一个有 7 级台阶的高台上。床上，国王或坐或躺；床下，高官重臣站，低级官员跪。围绕君主制的森严等级制度随时随地得以体现。

这里是国王展示自己的正式场合，他身着华丽精美的礼服，周围是严格按照等级列队的侍臣和高官，众人各安其位。正规的王室床铺离地面很高，如果君主身体安康，这种安排还算合理，可对体弱病残的君主来说就太不方便了。国王也可能身患绝症，那时他就只能坐在一张简陋的低矮轮床上，而一旦国王行将就木，官员们会急匆匆地把他抬上那张"国务床"，让他在"正式场合"驾崩。刚断气的国王躺在"国土"上（这句话最初的意思是躺在"国务床"上），人们精心为他修剪头发，整理遗容，为接受公众的列队瞻仰做准备。当他的继任者登上王位时，会从毗邻大主教宅邸的一张床上走下，开始他的加冕仪式。这就是君主制的力量，在那个大多数人都是文盲的时代，无论生或死，视觉表象都极为重要。

王室的床常有栏杆加护，普通百姓无法接近，而且总有一名特别指定的警卫在场。王室的床和君主制度都具有一种神圣的特质。除了皇家宠物（其中一些被训练来暖脚）之外，所有的狗都受到严格的隔离。

在皇家卧室里，带轮子的床很常见，因为国王从来不会自己一个人睡觉，附近总会有仆人相伴。就拿某位女王来说，某个出身良好的侍女会睡在她卧室里的那张轮床上，贵族侍臣也会日夜侍奉在旁。这张简陋的轮床上总是睡着地位显赫的人，其他朝臣只能睡在地板的草褥上。轮床通过床腿下的脚轮移动，这样一来，白天仆人就可以把它推到一边，甚至塞到君主的床下。真正的君主之床的尺寸通常允许国王邀请某位杰出之人来共度一夜，也许这只是一种施以恩赐的方式，在这两人之间只存在柏拉图式的交流。

在王室婚礼上也会公开展示一张经过精心装饰的床，并且十分显眼。各种庆祝仪式和醉酒狂欢围绕着新娘新郎的寝具和新婚之夜进行，无数观众见证着圆房的过程，以证实婚姻的圆满。如果这对新婚夫妇没有履行职责，婚姻关系可能会被立即废除。这张婚床，本身就是为了这种场合而被精心装饰出来的，所以有时候会被制成一个巨大的平台。1430 年，为勃艮第的菲利普公爵和葡萄牙的伊莎贝拉特制的婚床仍然保持着"世界上最大的功能床"这项吉尼斯世界纪录 —— 它长 5.79 米，宽 3.8 米。[3]

庄严的床

女王伊丽莎白一世的床被摆放在王宫的中心位置。她在这张床上休息、睡觉，以缓解白天的压力。[4] 她有很多张床，每张都精心布置着奢华的织物，装饰着鲜艳的色彩。当她从一座宫殿前往另一座宫殿，或从一栋豪宅前往另一栋豪宅时，她最好的床总是伴她同行。精心上漆并镀金的雕刻木框，银丝和天鹅绒装饰的床幔，以及用富有异国情调的鸵羽装饰的深红色缎面床头板。伊丽莎白睡在金丝镶边并点缀着昂贵纽扣的织锦床幔后面。她的每一张床都是精心制作的，和她睡觉的场所一样，象征着至高无上的权力。在白厅，她倚靠在一张由混合木料制成的床上，把自己藏在用印度彩绘丝绸缝制的床幔后面。在里士满宫，她睡在一张船形床上，床边垂着"海水绿"色的床幔。无论女王在哪儿休息，她的床都是"国务床"。无论走到哪里，她都需要私人空间，让自己能享受片刻远离宫廷的休憩时光。觐见厅、军机房或是卧室——这些房间都通往大厅。任何想要进入其中一间房的人都要经过严格的审核，这是他们和女王之间亲密程度的测量仪。

伊丽莎白的宫廷是一个庞大的机构，包括上千名仆人和随从。酿酒师、面包师、厨师、裁缝和固定随行人员，要为一支小军队似的朝臣和大使服务。这就像是一个举办巡回活动的大型组织，在白厅、汉普顿宫、里士满宫和温莎宫四座宫殿之间声势浩大地巡游。三百辆货运马车负责把家具、挂毯、礼服和装饰品从一座宫殿搬到另一座去。宫廷人员还与女王一同前往首都以外的地方进行访问。

要抵达女王的卧室，远离宫廷的喧嚣，就需要跨越定位明确、把控严格的界限。觐见室是王座的所在之处，是一间非常大的接待室。大使、朝臣、主教和求婚者都聚集在那里，希望一睹君主的风采。伊丽莎白大部分时间都待在自己的私人空间里，由 146 名女王卫士严密守护着。她在这里处理政务、招待客人、闲聊、听音乐，偶尔也跳跳舞。私人空间和卧房都直通觐见室。这里既是宫廷的中心，也是王国里最私密的地方。女王的私人空间和卧房都是女人的领地，不属于男人。

在女王统治的整个期间，只有 28 名侍女在她的私人空间里服侍过她。她们都是女王陛下的密友，其中一些人还参加了她的加冕典礼。她们为女王洗澡、化妆、梳头发。为她选择合宜的服装和珠宝，再帮她穿戴整齐。她们还监督她的食物和饮料，检查其中是否混入了毒药或者其他有害物质。这些出入她房间的侍女帮她打扫、清洗洁具并整理床铺。这些未婚、出身高贵、身穿白衣的侍女陪伴着女王，同她一起娱乐，特别是还陪她一起跳舞。所有侍女都应该经常在场，因为女王的需求是最高优先事项。即使她们生病或怀孕也会继续照顾她，直到分娩前的最后几周才会休息。孩子出生后，她们会把新生儿交给奶妈，然后几乎立刻就返回女王身边继续履行职责。

伊丽莎白女王生活在受她宠爱的侍女的包围圈里。她们一起睡在床上，或者是黑暗房间里的一张轮床上。在尔虞我诈、暗杀威胁无时不在的宫廷里，这些侍女是她的贴身保镖。她们比任何人都更亲近女王陛下，都更了解她的想法和情绪变化，以至于各国使节和高级官吏都想寻求她们的帮助。枢密院里一位聪明的书记员建议女王的首席秘书说："在接近女王陛下之前，请先结交她身边的一些人，要了解她的性情，你必须获得她们的信任。"[5]

女王生活在严密而无情的监视之下。在一个预期寿命很短，猝死频发的时代，其他国家的使节会定期向国内报告女王的日常行为和健康状况。自青春期以来，她的健康状况一直不佳，她长期消化不良，还总是失眠。当时的人普遍关注她潜在的婚姻伴侣，以及她生育能力是否良好的问题。他们认为女性的性欲比男性强得多，这让人很难相信任何一个女性，尤其是未婚女性愿意保持贞洁。在这个仍然脆弱的新教王国的安全取决于女王的婚姻以及她能否生下王位继承人的时候，外交圈子里却到处流传着她不孕的谣言。她的经期频率在国际报道中是一件值得关注与猜测的大事。

无论女王在哪里居住，是否出访外地，每天早晨她的侍女都会拉开床帐。在打扫和点亮照明设施等例行事务结束前，女王通常会一直待在床上。她会穿着睡衣吃早餐，然后在花园里快步行走，或是坐在窗边看书。盥洗、化妆和穿衣可能要耗费几个小时。当她随意地和侍女们闲聊时，她们会把她装进精致而厚重的礼服里，再从覆着金线刺绣的天鹅绒的保险柜里取出珠宝为她戴上 —— 王室的贵重物品只要放在她的卧室里就万无一失。最后，她们用一只铁鞋拔让她轻松地穿上鞋子。只有到那时，女王才算做好出现在公众眼前的准备。

君主的日常生活无小事，甚至连一日三餐都有详细制定的仪式，因为除了在宴会上，人们认为她在公开场合吃饭是不体面的。当一天结束，她会回到卧室洗漱脱衣。侍女会为她检查床垫和床单，查看是否有虫子和隐藏的匕首，还得检查有没有闯入者躲在房间里。然后，女王爬上床，躺在一层层填充着稻草、棉絮和羽毛的床垫上，当然，最柔软的垫子会铺在最上面。丝绸床单掩上女王的玉臂，都铎的玫瑰覆盖着陛下的御体。窗户是关着的，因为要将女王与夜晚危险的空气隔离。拉紧床帐，女王被深锁在了自己的卧室里。

只有一次，一个男人未经批准就进入了这个专属于女性的世界。这位艾塞克斯伯爵一直都是王室的宠儿，但在 1599 年，他从爱尔兰匆匆赶来，以风尘仆仆之躯踏入了女王位于萨里郡无双宫的私人领域。他跨过女王卧室的门槛，瞥见了没戴假发、素面朝天、衣衫不整的伊丽莎白。他双膝跪地，乞求女王宽恕，沉默的女王却表现得优雅从容。第二天，这位伯爵就被软禁起来，1601 年，他以叛国罪被处死。

即便君主不在，皇家卧室也戒备森严，这是有充分理由的。在凡尔赛宫，侍从总是坐在国王御床周围的木质栏杆内侧，因为宫廷里的人惧怕巫术。君主的敌人可能会在床上撒附着咒语的粉末，从而危及睡眠者。1600 年，一个名叫尼科尔·米尼翁（Nicole Mignon）的女人因毒害亨利四世未遂而被活活烧死。就在这件事发生的 3 年前，一位巴黎庙街的装潢师因"意图弑君"而被处以绞刑，尸体也被焚烧。

** ** **

王室的床是出生、洗礼、婚姻和死亡等仪式的显著象征物。人们精心装扮为贵族孕妇准备的分娩床，为它挂上昂贵的帷幔。这张床的价值比在它上面诞生的婴儿的体重更受公众的关注。就像所有即将临盆的准妈妈一样，这些皇室女性也期望能在卧床时接待自己的朋友，尽管事情有时会走向极端，比如在紧急情况下，孕妇不得不在亲友在场时进行生产。新的王室成员诞生是受到公众高度关注的重要事件，到场者必须遵守郑重制定的各种详尽的礼仪礼节。见证人中必须包括拥有皇室血脉的王子和公主、国务大臣以及其他高级官员，这样安排是为了杜绝造假行为，虽然这些措施并不总能制止流言蜚语的恶意传播。1688 年，国王詹姆斯二世的配偶，信奉天主教的摩德纳的玛丽（Mary of Modena）在许多大臣和侍臣的见证下生下了一个儿子。但是，出于强烈的反天主教情绪和对未来那位信奉天主教的君主的恐惧，谣言很快不胫而走，说一个活生生的男婴被藏在一个长柄暖床器里偷运进卧室，取代了王后诞下的死胎。这些流言最终导致 1688 年詹姆斯二世被坚定的新教徒威廉二世取代。

卧室的一个主要优点是，即使人们在尊重态度上仅有些细微差别，也能被注意到。1625 年，红衣主教黎塞留与英国使节会面，在就国王查理一世和法国的亨利埃塔的婚姻问题进行谈判时，一场荒谬的争论出现了，争论内容居然是每位与会人员要走多少步才能穿过这间卧室。黎塞留以在床上主持聚会的方式解决了这个问题，也因此改变了外交礼节的规则。

黎塞留担任首席大臣时侍奉的国王路易十三长期患有口吃，性格阴沉，对带鹰出猎的兴趣远胜于执政。这两个人把法国变成了一个绝对的君主制国家，但作为一位国王，路易十三的品位非常简朴。在他统治的大部分时间里，他只用两张床，一张是有银饰的黑床，另一张是被漆成紫色和金色的床。与他的父王亨利四世的情妇加布丽耶·德·爱丝瑞斯相比，这当然相形见绌，毕竟仅供加布丽耶在冬天使用的奢华大床就有

12 张。让－巴蒂斯特·波克兰（Jean-Baptiste Poquelin）是位讽刺剧作家兼演员，他有一个更为人所知的名字 —— 莫里哀。他是在路易十三房间里侍奉的贴身侍从，这本是他父亲购买来的职位，而他继承了下来。他与国王的品位不同，睡在一张奢华的床上。这张床饰有青铜鹰爪，雕花镀金的床头板，还有刺绣织锦床帐。他还有 18 件精致的睡衣。路易十三的卧室里几乎没有女性出现过的痕迹，因为他和西班牙的安妮的婚姻并不幸福，他们总是睡在各自的房间里。路易十三从来没有情妇。然而，在 1638 年，在经历了 4 次胎死腹中的悲剧后，这对夫妇最终有了一个儿子，即未来的路易十四。1641 年，他在年仅 3 岁时登上王位，开始了长达 72 年的统治。

起床仪式与就寝仪式

路易十四被称为"太阳王"，他坚信国王拥有神圣的权力，这促使他将法国转变为以凡尔赛宫为统治中心的中央集权国家。[6] 他会把那些想要享受年金和其他特权的贵族"请"到王宫里，让他们日夜侍奉自己。路易十四行事高调，一直受到公众关注。他每日都设宴款待贵族，一掷万金，为他们举行盛大的典礼，操办其他奢侈的娱乐活动，但也将他们置于严密的监督之下。他的中央集权统治削弱了贵族的权力，减轻了困扰他前任的对长期内战的担忧。最重要的是，他有效地统治了法国，并在床上指挥军事行动。床是他表演的舞台，他为床着迷。

路易十四的财产目录表明，他至少有 25 张不同式样的床。凡尔赛宫的皇家储藏室里至少有 400 张床，其中许多以装饰它们的挂毯命名。其中一张名为"维纳斯的凯旋"（Le Triomphe de Venus）的床，消耗了挂毯大师西蒙·德洛贝尔（Simon Delobel）12 年的精力。国王经常把床作为礼物送给他的子孙，甚至也送给了他的医生一张。据说他喜欢在床的顶篷下面挂镜子，而不是挂更为寻常的色情画，以刺激那些稍显拘谨的来宾。当他的一个精力充沛的情人在这样一张床上打破了一面镜子，差点让他死于非命时，这种王室实验戛然而止了。

跟随路易十四的领导以及时尚的风潮，床上的装饰品和镀金材料变得越来越精致是不可避免的事情。国王最终禁止书记官、司法人员、律师、商人、工匠以及他们的妻子拥有任何形式的镀金家具，包括用金或银装饰的床。处罚包括处以罚金和没收违规物品，但似乎没有人能够长期遵守这项规定。

就像在他之前的许多王室成员一样，路易十四也生活在公众面前。他的生活使人联想到埃及法老，日常的每一个细节都受到严格管理，必须有条不紊。希腊历史学家狄奥多罗在公元前1世纪记述法老的生活时说："他们连和妻子上床都有固定的时间。"[7]路易十四也是如此，他在长期统治期间一直在凡尔赛宫的卧室里举行宫廷仪式，他的日常起床仪式和就寝仪式都是组成他的统治的一部分。路易十四的教子，爱说闲话的圣西蒙公爵写道："有了年历和手表，即使你离这里300英里远，也能说出他（国王）正在做什么。"[8]国王每一天都遵循着的例行程序和宫廷为官员制定的一样严格——官员也需要以此来安排自己的日常生活。路易十四在床上决策、颁布法令，并接见有幸获得特权接近他这半神之躯的人。这些幸运的人不仅包括他的侍臣和王室成员，还包括他为数众多的私生子。对圣西蒙而言，这简直耸人听闻，所以他对此极不赞同。

"太阳王"的起床和就寝就跟太阳本身的运动一样可以预测，他甚至改变了卧室的朝向，以便自己迎接每天的第一缕阳光。他的正式起床时间由卧室里的首席侍从掌控，时间大约是早上8点半，哪怕这时他已经醒来一阵了。首席御医和首席外科医生来对他的身体进行例行检查，之后就会举行私人聚会。这个聚会只允许经过严格挑选的人参加，其中包括在他童年经常吻他、给予他照顾的护士。国王在这些人面前（每隔一天）让仆人为他洗漱、梳头、剃须。卧室和藏衣室的侍从会为国王穿好衣服，侍奉他喝下早餐里的汤。在盛大的起床仪式中，国王的大管家、亲密的皇室仆人和宫廷的重要成员会见证床帐被拉开的一刻，他们都为能获得站在这里的特权而付出了代价。他们从镀金的栏杆后面望着，那栏杆把床和卧室的其余部分隔开了。这是贵族有机会与君主快速而恭敬地交谈的时刻，是象征着毫无隔阂与亲密无间的时刻。

早晨的时间缓缓流过，卧室变得更加拥挤了。当国王穿上长筒袜和鞋子时，旁观的人群中有他的艺术活动组织者、大臣和秘书。等轮到第五批人进入时，女性才第一次出现在卧室里。第六批人是国王的婚生和非婚生子女及其配偶。这个房间里可能会挤进上百人。

凡尔赛宫中收藏的路易十四的床

与此同时，在皇家卧室旁边的镜厅里已经列起了队伍。上午 10 点，路易十四在侍臣的陪伴下穿过国王套房。人群经常围着他挤来挤去，给他递上几张纸条，或是想方设法地和他说上几句话。半小时后，他在王宫的小教堂里做弥撒。11 点，他已经回到了自己的套房，处理五六个大臣带来的政治事务。下午 1 点，国王独自坐在卧室里一张对着窗户的餐桌旁就餐。从理论上讲，他应该是独自进餐的，但他总是叫王宫里的人看着他吃。下午 2 点，国王会宣布他第二天的活动计划，接着出去散步、乘马车，或者沉迷于他最喜欢的运动 —— 在公园里打猎，也可能在周围的森林里骑着马闲逛，他会在下午 6 点前回来。傍晚，除了批阅官方文件外，他还会投身于晚间聚会和娱乐活动。晚上 10 点，他回到套房，一群人挤在那儿看着他在王室成员的簇拥下享用丰盛的晚宴。饭后，国王回到自己的私人空间，更自在地与密友和家人交谈。晚上 11 点半，就寝仪式正式开始，流程与早上的起床仪式正好相反。"太阳王"在一天结束时"下山"了，很有象征意义。在统治法国 72 年后，"太阳王"在自己的卧室里驾崩。凡尔赛宫不仅是路易十四绝对统治的宣言，也是幅员辽阔、无懈可击、实力强大的王国的权力中心，甚至那些经过精心设计、被修整维护得整齐有致的皇家花园，也同样体现了他总揽大局的无上王权。皇家寝室位于王宫上层，位于这幢巨大建筑物朝东那面墙的中央。这里是整座宫殿最重要的房间，是"太阳王"升起和落下的地方，他的旨意和法令正是以这里为起点，在整个法国散播光芒。

床上会议室

"太阳王"的继任者路易十五只有一张床，而且还废除了他曾祖父传下的大部分卧室仪式。1765 年，英国艺术史学家和政治家哈罗德·沃波尔（Harold Walpole）到访了路易十五的王宫。他在报告中说，当他被领进国王的卧房时，国王正在穿衬衫。显然，国王正在"和几个人谈笑风生，他瞪了我这个陌生人几眼，就去做弥撒、吃晚饭、打猎了"。王后也在那个房间里，正坐在梳妆台前，旁边"有两三位老妇人侍候她"。[9]

路易十五十分注重个人隐私，但矛盾的是，他的卧室十分宏伟，根本无法不引人注目。1738 年，他修建了一间新卧房，面积更小，朝向南方，所以房间里更容易升温。他的床摆放在凹室里，整间卧房设计精巧，据说风格源自西班牙。一道栏杆（通常有柱子）把床与房间隔开，其实就是把凹室隔成了一间房中房。那里也设有座位，这样路易十五就能举行小型招待会。一个世纪后，这种凹室变得更小、更隐秘，而且使用起来也得更加谨慎。

路易十五最宠爱的情妇是蓬巴杜侯爵夫人，1745—1751 年，她住在王宫中央区域的一套四室套房里，路易十五可以从他的私人套房直达侯爵夫人的卧房。路易十五后来的情妇杜巴丽伯爵夫人住在另一套奢华的套房里，他可以通过隐蔽的楼梯进入这间卧房。

如今王室的卧房已经属于正式场合了，这里的床很少用来睡觉，更不常用来同房。更准确地说，人们可以称其为正式的会议室，这是一个做出决断的地方。如何获准进入这个房间才是关键，因为能看到国王穿着内衣，或是在床上与人交谈的样子是一种崇高的荣誉，只授予最积极能干的侍臣和国家官员。这张床本身就是君主制辉煌时代的象征，足以让国王的访客留下深刻的印象。有些床是真正意义上的象征物，比如1714 年安妮女王临终时定制的那张床。它高约 5.5 米，由 57 个部件组成，用黄色和深红色的天鹅绒帷幔装饰，铺着极尽奢华的丝绸床垫。它造价高昂，总共花费 674 英镑，这笔钱在当时足够在伦敦买一幢中等规模的联排别墅。然而，这张床上从没有睡过任何人。1716 年，在威尔士亲王登基成为乔治二世之前,人们专门为他打造的一张旅行床同样精美,而且更加实用。它由 54 个部件组成,附有全套床垫和床帷。到 1771 年,做工精细的皇家用床就已经司空见惯了,但几乎没有哪张能与乔治三世的妻子夏洛特王后的那张相媲美,那张床是由王后资助的慈善机构 —— 菲比·怀特孤儿学校的姑娘们精心绣制的。

自维多利亚女王于 1837 年登上英国王位,皇家卧房始终大门紧锁。维多利亚对隐私的强烈重视映射出一个更压抑的时代。那时,卧室和床都被隐藏在远离公众视线的地方。只有少数规矩被保留下来,包括王室成员出生时大臣必须在场,这个规定直到 1948 年查尔斯王子出生才被废除。

精心装饰的床仍然很时髦,尤其在富人和东方的权贵中非常流行。这或许是因为我们一生中会在床上度过漫长的时间,所以为何不选择在奢华的财富和精美的艺术品上安睡呢?说到这一点,很少有床能比得上现位于巴基斯坦境内的巴哈瓦尔布尔土邦(Bahawalpur)的纳瓦布 [1] —— 萨迪克·穆罕默德·汗·阿巴斯四世(Saddiq Muhammed Khan Abassi IV)的床。1882 年,他从巴黎的昆庭公司订购了一张镀银床,这是一个(至今)以镀银器皿和精美的餐具享誉世界的品牌,包括土耳其的苏丹在内的皇室贵族,以及整个欧洲和亚洲的名门望族都是他们的客户。昆庭不仅为爱丽舍宫提供装饰品,还为"东方快车"提供餐具和家具。他们为阿巴斯特别制造了一张"用纯银装饰的深色木床,床的部件镀着金,点缀着字母组合图案……床上装饰着四个真人大小的青铜裸体女像,甚

---

[1] 纳瓦布,印度莫卧儿帝国时代副王和各省总督的称谓。莫卧儿帝国衰落后,孟加拉、奥德和阿尔科特等地独立的地方统治者亦沿用这一称谓。英国殖民统治时期,纳瓦布成为印度和巴基斯坦一些土著封建王公的称号。——译者

至连肤色都漆得和真人相仿。她们有着自然的头发和会动的眼珠，手持扇子和马尾 [10]"。这些装饰品一共用掉 290 千克白银。这四个"女人"分别代表法国、希腊、意大利和西班牙的女性，头发与皮肤的颜色各具特色，与真人相差无几。雕像由灵巧的机械装置控制，她们可以一边为纳瓦布扇风，一边对他眨眼。这张床内置的八音盒能播放 30 秒古诺的《浮士德》。纳瓦布死后，这张床也莫名消失了，最后它是在阿巴斯家族位于巴哈瓦尔布尔土邦的萨迪克宫（Sadiq Garh Palace）里被发现的。在最后一位纳瓦布于 1966 年去世后，巴基斯坦总理下令清点他的所有财产。这张床已经躺在宫殿中的"白银卧室"里很多年了。后来纳瓦布的几个后裔发生遗产纠纷，宫殿和其中物品因此被查封。1992 年，这张床再度消失了。

　　阿巴斯从来没有在他的床上进行过统治，它纯粹保持着私人用途。王室的公开卧房，以及统治者在床上处理政务，在很大程度上是欧洲的特色。如今已经没有一位统治者在自己的床上治理国家，他们都睡在公众视线无法触及的地方。在今天，很少有哪张床具有突出的历史价值，它们仅仅能作为某些事件的背景，而不是统治者拥有的神圣权力的声明。在整个"二战"期间，温斯顿·丘吉尔在他的床上以某种诡异而略显炫耀的姿态治理着英国，有时这会让周围的人感到困惑甚至头疼。英国总参谋长、陆军元帅阿兰布鲁克勋爵当时经常出入丘吉尔的卧室，他在日记里抱怨说，自己总觉得与首相的会面是场挑战。就拿他在 1942 年 1 月 27 日那天目睹的经典场面来说："这次会面是后来经常出现的同类事件的典型。他卧室里的场面总是一样的，我真希望哪个艺术家能把它画下来。他那件红金相间的便袍本身就很值得一看，只有温斯顿才会想穿它！他看起来就跟中国人似的！稀稀落落的几根红褐色头发总在他的秃顶上飘着，一根大雪茄从他的脸上斜抽出来。床上扔着各种文件和信件，有时早餐托盘还放在床头没被收走。他不断地按床铃呼叫秘书、打字员、速记员或是他的忠仆索耶斯。"

　　没有历史记录证实丘吉尔真的在床上召集过会议，并以此作为一种控制重要官员的手段。他当然有能力这样做，但很难想象，这若是与路易十四那精心安排的起床仪式和就寝仪式相比，会有多大的差距。[11]

第九章

私人避难所

在见证了床的进化史之后，让我们回到自己的生活，回到自己的床上。如果你和大多数西方人一样，那么你的床也会藏在自己的卧室里，一般是在二楼，或是在房子的最里面。在隐私、性和睡眠等概念的浸染下，可能只有少数经过筛选的人才能进入你的卧室。20 世纪 90 年代末，英国青年艺术家翠西·艾敏向公众展示了她那张凌乱的床，激怒了一些观众。2008 年，评论家乔纳森·琼斯刻薄地发问，他想知道除了愿意主动揭露私人创伤之外，这位艺术家还有什么能让她显得重要的地方。然而早在 1616 年，当莎士比亚把他"第二好的床"遗赠给共度 34 年的发妻时，他想表达的并不是对妻子的冷落，而是一种温柔，就像当初他们共享的婚床一样。在莎翁的时代，最好的床一般被安放在起居室里供客人欣赏 —— 欣赏能买得起两张床的财富。那么，我们的床到底是怎么变得私密起来的？

寻求隐私

　　2013 年，互联网先驱、谷歌副总裁文顿·瑟夫提出了"隐私是现代的一种反常现象"的理念，紧接着就遭到人们铺天盖地的猛烈抨击。[1] 但如果从历史角度看，他这句话一点儿不错。我们所说的隐私，以及个人的秘密、远离公共领域的理念，其实只有大约150年的历史，尽管它们有着更古老的根源。有趣的是，现代卧室的出现也只能追溯到大约两个世纪以前。在工业革命之前，隐私对任何一个人类社会而言都不是需要优先考虑的问题。在金钱、威望、安全性和便利性面前，独处的需求只能远远排在后面。

在史前时代，人们对温暖和保护的需要在很多时候对隐私概念的产生是一种阻碍。人们会躺在火炉边，或是蜷缩在一起，孩子们很可能会看到父母亲热的场面，因为他们挨在一起睡，或者都睡在同一间屋子里。1929年，马林诺夫斯基在关于特罗布里恩群岛岛民性生活的著名研究中指出，当地成年人不会采取特别的预防措施来防止孩子们看到自己进行性活动。[2] 如果孩子盯着大人看，大人也只是责备几句，再让他们用垫子把头盖上。在传统的狩猎－采集社会和自给自足的农业社会中，性行为往往发生在睡眠场所之外的地方，没有旁观者，行动也更加自由。然而，对于在恶劣环境中或在食肉动物的栖息地周围生活的人而言，缺乏隐私只是为生存付出的低廉代价。在北极圈内的传统社会，去野外寻求独处的机会是极其危险，甚至是极度愚蠢的行为。

没人知道"隐私"从何时起成为一种概念。或许它是随着统治者、贵族和其他人之间的差距日益扩大而产生的。古埃及法老睡在高于地面的床上，达官显贵也向其效仿，而其他百姓都睡在席子或地上。古雅典人擅长建筑几何学，有时他们在建筑设计中会强调最大限度地接收光线，但也得尽量减少隐私暴露于公众视野之中的可能。甚至罗马词语"privatus"（英语单词"private"的来源）通常也被简单地用来指代没有公职的公民。它源自"privo"一词，即"我失去、剥夺"但也"我自由、解脱"。后来隐私问题似乎引起了争议，就跟今天一样。有些学者，比如苏格拉底，就不赞成人们为了获得隐私而将自己隔离。据说他曾对这种独处者发表评论，说他们中"没有人能得到应有的荣誉或职务"，甚至也无法获得正义。相对而言，没那么向往平等的罗马人更喜欢炫耀自己的财富，无论是豪华的乡村别墅、精心打理的住所还是城里的豪宅。富人的住宅通常是一座供好奇者参观的博物馆。公元77年，老普林尼写了一篇关于这些富人的文章："他们不允许任何东西隐藏起来……他们的卧室和私人处所……可以公开谈论所有最私密的话题。"[3]事实上，很多规模较大的罗马住宅里并没有专门的卧室，有的只是空房间，还有可以随便移动的便携床。

罗马人在他们的公共浴室里也毫无隐私可言，而附带的厕所则是让人们并排而坐的公共场所，如今人们的考古成果也只是偶尔能发现罗马人的厕所里有使用过隔板的痕迹。他们在方便时会坐在长凳的U形洞上，事后会用公用的破布或缠在木棍上的海绵擦拭，整个过程中人们都在自由地交谈——厕所是带有社交功能的公共聚会场所。罗马的特权阶层享尽荣华，炫耀着财富，而大多数普通市民都住在拥挤的、往往会偷工减料的公寓里，根本就谈不上什么隐私，也很少有人关心隐私问题。与"公共"妓女发生性关系（对男性而言）并不是一个让人说不出口的秘密，而是一种公开的快乐来源。在庞贝古城发现的一句古罗马涂鸦写道："洗澡、喝酒和性爱正在腐蚀我们的身体，但洗澡、喝酒和性爱也让生活更有价值。"[4]在世界上的其他地方，人们也不会把隐私问题放在首位。早在公元前5000年，中国的炕，那种铺着席子的可加热砖石平台就已经出现了。炕从来就不是什么私人场所，而是很多人一起睡觉、吃饭和社交的地方。到了公元前1000年，睡在地板上的人才开始爬到床上去睡。那些精雕细琢、镀金镶银的贵族寝室，更多时候充当了家具的陈列室，而不仅仅是用来睡觉和招待客人的安静场所。有些人还在卧室里留出了专门存放衣物的空间。

然而，人类生活中还存在着某个总是充满着秘密和隔绝的领域：宗教。作为考古学家，我们在几乎每个宗教场所都看到了人们为保持隐私而做的设置：在铁器时代也门神庙的布局中，总是隐藏在神庙深处的三重圣坛；埃及祭司神秘的木乃伊仪式；深藏在人类难以进入的洞穴系统中的大冰期洞穴艺术。神秘带来权力和神赐的错觉。基督教是西方隐私观念发展最强大的催化剂之一。在基督于荒野中独自经历了划时代的40天之后，与世隔绝就成了基督教思想的中心信条。在一个邪恶无处不在的世界里，他们沉迷于关于死亡和罪恶的思考。极端虔诚的信徒脱离了社会，甚至脱离了修道士团体，远离尘世的纷扰，静心冥思关于上帝和人类的问题。公元4世纪的埃及基督教徒圣安东尼说："就像一条游向大海的鱼，我们必须尽快抵达独属自己的领域，如果我们在外面耽搁了，就会丧失内心的警觉。"禁食和禁欲主义成为时尚，最极端的实践者是居住在偏远沙漠洞穴里的埃及隐士。另一位禁欲主义作家，和圣安东尼同时代的约翰·卡西安（John Cassian）对他简朴的饮食做了叙述：干饼，几滴油，偶尔吃点儿蔬菜或小鱼干。一位现代研究员估计，这种饮食每天只能提供大约930卡路里的热量。卡西安写道："身体越消瘦，灵魂就越强大。"如果信徒们严格遵循这种饥饿饮食原则，大约6个月后就能完全实现身与心的纯洁。他们的孤独不是对隐私的追求，而是对在十字架上受苦的基督的一种补偿。正如前文所说，在拉丁语或中世纪世界中并不存在"隐私"这个词，但存在着"失去"和"剥夺"。[5] 伊丽莎白女王可能热衷于维护自己的"privy"，但这个词源自古法语单词"privé"，意思是"友好而亲密的地方"。相反，隐私的概念在文艺复兴时期体现出一种更加现代的意义。在1215年的第四次拉特兰会议上宣布的条例强制每个人进行忏悔。在这个规定下，一个人的罪恶意识是一种内在的道德形式，是通过冥想获得的，也只能在对隐私的忏悔中暴露出来。人们开始鼓励阅读，尤其是在印刷机彻底改变了人们的学习方式之后。每个人都在读自己的书，使得整个欧洲掀起了个人主义革命。如荷兰"共同生活兄弟会"（Dutch Brethren of the Common Life）一般的宗教团体自发出版了宗教相关读物并将其广泛传播，提倡人们投身于对基督的奉献。他们的教义敦促艺术家、诗人和神学家放弃世俗事物，把心转向上帝。天主教加尔都西会的教士拥有各自的独处空间，他们生活在一种沉默的规则下，以此鼓励沉思。个人的道德约束逐渐走向精神层面，成为私密的事情，而人在这个过程中也变得更加孤独了。

分割住宅

到 16 世纪，由火坑和位于房屋中央的砖砌烟囱供热的住宅就已经很普遍了，它们之所以受人喜爱，是因为它们能提供冬季保暖的最佳方式。1732 年，罗得岛州的纽波特市就建起了一栋这样的房子，它属于我们的一位编辑，比尔·弗鲁赫特（Bill Frucht）的叔叔。听比尔回忆说，这座房子有两层楼、7 个房间，每个房间都有独立的火炉，这些火炉散出来的热气会从房间汇聚到房子核心位置的烟囱里。富人可能会住在私人住宅里，或者拥有单独的房间，但如果把整个家庭的成员，包括仆人都聚集在一起，会更方便、更温暖。这个时候人们拥有的隐私仍然很少。意大利侯爵阿贝尔加迪·卡帕契里（Albergati Capacelli）的仆人侍奉了他11 年。侯爵的妻子以侯爵大小便失禁为由提出了诉讼，要求废止他们之间的婚姻关系。1751 年，这位仆人为他的主人出庭做证时说："有三四次吧，我看到侯爵光着屁股从床上爬起来，勃起功能毫无障碍。"[6]

在卡帕契里的时代，床是人们可以好好地躺下来休息和阅读的地方，但几乎可以肯定的是，仍会有人陪在身旁。床是合乎逻辑的聚会场所，也是客人可以和大多数，甚至所有家庭成员一起过夜的地方。它们就像王室的床，实际上就是公共场所。起初，单人床是在医院里流行起来的。病人长期共用病床，尤其是那些孩子，不管各自的健康状况如何都得紧紧地挤在一起。在这样的条件下，传染病像野火一样蔓延。

家庭生活和隐私问题自18世纪末开始变得突出。那时，男性的娱乐场所已经迁出家门，俱乐部、咖啡馆、杜松子酒馆和街头聚集地成了他们寻欢作乐的地方，而（可敬的）妇女仍甘居幕后。在那个变化急剧、压力日增的世界，各种力量的共同作用把家庭变成了避难与恢复的场所。福音派基督教的兴起是其中一个重要因素，信徒相信家庭的力量足以让一个人在自己的圈子内外维持良好的关系。基督教家庭成为爱和慷慨的缩影，这是对工作场所日益严酷的环境和无情的世界做出的回应。男人回到家中，就是回到一个充满爱和宁静的和谐环境里。这种观念越来越根深蒂固，最终成了世俗的规范。

工业革命把大多数欧洲人变成了城市居民。1800年，英国只有20%的人口居住在城市里，一个世纪后这一比例已经上升到近80%。当时的伦敦一跃成为世界上最大的城市，拥有400多万居民。现在，在这座城市里小型梯阶式住宅仍然随处可见，大多数都建于1900年前后的几十年内，为的是在日益喧嚣的城市中寻求独立和隐居。巴黎的故事也差不多。虽然巴黎也经历了漫无目的的扩张，但在1900年大概有2/3的法国工人是在家里工作的。而现在，几乎所有欧洲人都在家门外工作。

工作场所已经发生了根本性的改变：工厂、固定的工作时间和更严格的工作环境已经成为规则。[7] 劳工和专业人员都受到外出工作的影响。曾在自己的住所里问诊的医生现在有了独立的诊室。以前的女性可能站在柜台后面帮助丈夫打理生意、记录账目，现在却过着以家庭为中心的独立生活，成了专职的家庭主妇。

随着 19 世纪缓缓展开，许多欧洲人搬到郊区去住，但仍在市中心工作。这种分离就像一种哲学，一个人被分裂成了两个，一个在工作，另一个在家里，过着两种生活，成为两个截然不同的人。1908 年，阿诺德·本涅特写了本广受欢迎的自助类小册子，他乐观地将书命名为《如何在一天内生活 24 小时》(*How to live on twenty-four hours a day*)，这个题目点明了这本书的与众不同之处。本涅特认为，普通人在工作日内没有任何自主权，只有在工作之外才能真正地生活。他的主要建议是阅读一些古代哲学书，而不是把时间浪费在看报纸上。艺术评论家兼作家约翰·拉斯金的父亲，将社会的沉闷和"我和我的爱人面对面地围着火炉而坐，通明的炉火照亮了她周围的一切，也照亮了我最出色的儿子"做了比较。[8] 个人生活要素的分离同样延伸到了家庭中。需要把家具搬来搬去的多用途房间不复存在（法语中的"家具"，即"meuble"最初的意思是"可以移动的"）。这时，无论是就社会意义而言，还是从主仆间的等级制度来看，每个房间都根据不同的家庭活动而被分隔开。卧室第一次成为寻常设施。

独立的卧室

19 世纪，在大多数西方家庭中，成员们睡在固定的卧室里已经是司空见惯的事情。仆人不再和主人一家一起睡，也不再一起睡在大厅或厨房里。每个人都有了单独的床位。在整个家庭领域，用维多利亚时代的话来说，女人是"家庭幸福的守护天使"。她统治着整个家庭，尽管她的权威来自丈夫。再没有比中产阶级的卧室更能凸显这种信念的地方了。虽然这些房间曾经既是起居室又是休息场所，但现在它们只是单独用于睡觉的地方。维多利亚时代的富人认为，房子里拥有的专用房间越多越好，因为这意味着妻子和丈夫可能拥有各自独立的，也许会相互连通的卧室，而每间卧室都配备一个相邻的更衣室。这样一所房子的女主人可能会躲进她的私人卧室（boudior，源于法语单词"bouder"，即"生闷气"）里，寻求一个庇护之处。

1875 年，《建筑师》杂志刊登了一篇权威论文，宣称卧室只能用来睡觉，其他任何用途都是不健康、不道德的，而且违背了生活中每项重要活动都需要在独立房间中进行的原则。当然，公共睡眠在当时不仅违背道德（哪怕在最小的城市公寓里也需要有两间卧室：一间给父母，一间给孩子），而且还存在健康问题。随着城市人口的增加，19 世纪充满了人们对公共卫生状况的焦虑。许多人仍然觉得疾病是由污浊的水或空气自发产生的，这使睡眠问题和人们普遍缺乏运动的身体状况尤其令人担忧。1880 年，理查森（B. W. Richardson）医生建议成年人不要和孩子们同床共枕，以免夺走他们"维持生命所必需的温暖"。

在越来越商业化的世界里，独立房间的增加也给商品的销售提供了更多的机会。包括儿童玩具和家具在内的专门针对儿童的大规模营销活动就开始于维多利亚时代。以孩子为目标的营销根源有些肤浅：即使是所谓"男孩要买蓝色的玩具、衣服、家具，而女孩要买粉红色的（因为商家想让父母买双倍的东西）"这种古老惯例也是在"二战"以后才变成普遍规则的。正如 1918 年的一篇时尚商务文章解释道："人们普遍接受的规则是，男孩要用粉红色，而女孩要用蓝色。因为粉红色是一种更果断、更强烈的颜色，更适合男孩；而蓝色更精致、更花俏，女孩穿着更漂亮。"[9]

房间功能的分离那时还没有影响到城市贫民的生活。他们挤在肮脏的房间和公寓楼里，仍然在公开场合生活。如果哪个女人生病了，整条街的人都会立刻知道，因为她经常卧病在床，家里的事人们全部看在眼里。隐私引发的争论愈演愈烈。1890 年 12 月，《哈佛法律评论》

（*Harvard Law Review*）发表了一篇路易斯·布兰代斯（Louis Brandeis）撰写的文章（后来布兰代斯成了最高法院的法官），他在文章中就隐私权进行了讨论。他认为，由于"文明的进步"带来的强度和复杂性……独处和隐私对个人而言已经变得更加重要。[10]1868 年，法院裁定，隐私权是男人维持对妻子的公共和私人生活的所有权的一种方式，其中包括虐待她身体的权利。

在大英帝国称霸全球的一个世纪里，维多利亚时代的价值观和家政习惯在遥远的土地上深深地扎下了根 —— 从澳大利亚、新西兰到亚洲和非洲的大部分热带地区。殖民者带着他们的家具和房屋装饰理念，还有他们的卧室、床和床上用品一起踏上征途。到 19 世纪末，中产阶级的隐私观念，尤其是卧室里的隐私观念在美国也已深入人心。两个世纪以前，新英格兰地区的住宅就将一楼大厅用于烹饪、就餐以及其他各种家庭活动。接着是客厅，里面摆放着家里最珍贵的财产："最好的床"和最精美的餐桌和椅子。这就是丈夫和妻子（家里最重要的人）睡觉的地方。家庭住宅内部空间的划分标准是其所包含内容的意义和价值，而不是进行不同家庭活动的需要。

18 世纪，过道和楼梯已经流行起来，在房子里活动变得容易多了。人们通常睡在实际意义上的卧室里，配备床帐、椅子和布料相称的窗帘。这里只是用来睡觉、安静地休息以及与亲朋好友交往的地方。当家里有人出生或死亡时，人们会聚集起来，这时，卧室就成了正式接待客人的地方。

分开的床

到 19 世纪，床和床垫与中世纪的干草袋或麦秆袋相比已经取得了很大的进展，但某个人独自睡觉的事几乎还闻所未闻。正如我们看到的，尽管维多利亚时代的家庭非常注重隐私，但共享床位的情况却一直持续到 19 世纪。房子内部的楼梯和走廊的发展是促使人们分床而睡的一个主要因素，因为这允许仆人和其他人在不经过其他房间的情况下进入不同的房间。[11] 仆人们曾经睡在主人或者女主人的卧室里，现在他们在楼上或楼下拥有自己的房间，随时等待回应主人按响服务铃的呼唤。

在这些私密的、独特的卧室里，夫妇也开始拥有各自的床。配备两张床是避免"霉味"传染的好方法，也强调了维多利亚时代盛行的谦逊观念，这种观念一直延续到 20 世纪。好莱坞在 20 世纪 30 年代制定了一份名为《海斯法典》（Hays Code）的电影制作守则，守则规定银幕上的夫妻必须分床而睡，如果接吻，其中一方的脚必须时刻踏在地板上。20 世纪 60 年代，西尔斯百货和其他大型百货公司持续向已婚夫妇投放双人床的广告，直到 20 世纪 70 年代，这种双人床才沦为过时而保守的式样。

最近的研究表明，夫妻分床而睡往往会让双方睡得更好。[12] 对那些伴侣不能安静睡觉或睡不踏实的人来说尤其如此。正如托马斯·奥特威（Thomas Otway）在他的戏剧《无神论者》（The Atheist，1684 年）中描绘的那样，主人公考尔蒂纳的妻子西尔维亚愤懑地抱怨，她将典型的"丈夫"定义为"笨重而无能，迷迷糊糊却懒得上床，睡觉时翻来覆去、咕咕哝哝、呼噜声不断"的男人。我认为，这段抱怨足以解释为什么今天有三四成的夫妻分床而睡。

关于卧室的建议

对多个专用房间的需求使建筑师对卧室和房子的其他部分之间的关系感到困惑。19 世纪的卧室，特别是夫妻的卧室，通常都位于一楼，并与更加开放的接待室相连。这种设计理念是为了将家庭成员与仆人、成人与儿童、年长的子女与婴儿分隔开。其他家庭成员睡在二楼，仆人睡在更高的阁楼。需要爬的楼梯越多，说明在家庭中的地位越低。这种情况持续了好几代人，但最终整个一楼都被用于日常起居，所有的卧室都被安置在楼上，如果空间足够，那么每个房间的门都通向走廊。这样一来，隐私就得到了进一步的保障。但是，如果住在一栋单层的房子里或者一间城市公寓里的话还能怎么做？在这种情况下，有两种选择广受欢迎：如果住房较大，就将一组卧室设在走廊的一侧，另一组卧室把门开向社交性较强的场所；而在比较小的住宅里，就将一间卧室留给父母，另一间留给孩子，仆人们则往往睡在位于地下室的厨房里。

关于卧室布置的自助书籍源源不断地发行，向维多利亚时代的主妇提供她们最需要的建议。1888 年，著名艺术家的女儿，犀利而有主见的简·艾伦·潘顿（Jane Ellen Panton）敦促家庭主妇逃离年轻时的"正统卧室"，就像她在 19 世纪中期使用的那种卧室："可怕的"壁纸，"满眼都是蓝色玫瑰和黄色百合花图案，更糟糕的是沉闷的褐色和橙色，或是在绿色的涡卷形装饰和绿叶上还叠加着不同的绿色"。[13] 维多利亚时代的卧室家具总是十分破旧，因为都是从主卧室淘汰下来的，一旦磨损得更严重，它就会被再次淘汰，搬进保姆或是仆人的房间。

这种置换尤其适用于地毯，它们辗转于许多房间，因此越来越破旧。卧室里的地毯往往是在客厅里长期忠实服务过的废品，最后会变成仆人卧室里的布条。没人认为客人会去检查主人的卧室，所以它看起来如何并不重要。潘顿说："恐怕我不是一个正统的主妇。"在书中，她向一个自己虚构出来的家庭主妇——新婚的安吉丽娜提出建议说，要买"颜色会让她感到快乐"的物品。她解释说，人很容易受到周围环境的影响，而且有时候人们会在卧室里生病。在门和壁炉架上喷涂的油漆颜色应该与墙壁相匹配。[14]

大多数房子都有为丈夫和妻子准备的私人卧室，还有留给孩子们的独立卧室。一般来说，富有的夫妻不会想要共睡一张床，他们都有各自独享的卧室。窗帘和百叶窗开始流行起来，在那个时代，卧室仍然承担了浴室的一部分功能，所以这些都是必要的。卧室里需要有盥洗台和镜子，如果再有一张长榻或一把躺椅就更好了。盥洗台要附带毛巾架，有时后面的墙上还会贴着瓷砖，以防梳洗时水珠溅得到处都是。仆人费力地用铜制器皿从厨房打来热水，倒进脸盆和浴桶里。屋子里通常还会有一张摆在正中的餐桌、一张梳妆台、几把椅子和一个小书架。在冲水马桶被广泛使用之前，便壶是卧室中必不可少的东西。直到20世纪初，便桶，也就是装着便壶的椅子或盒子，在卧室中仍是非常常见的设施，这就是室内厕所的雏形。潘顿还推荐了衣柜（如果你能弄到手的话），还有"长椅"，一种可当作长榻或扶手椅的露营床。如果你感到压力过大，可以躺在上面放松一下。她认为屏风也是必需品，因为它既可以遮掩床铺，也能够阻挡气流。

照明一直是个问题。许多人建议不要在卧室里使用煤气灯，因为会消耗房间里的氧气。潘顿强烈建议在睡觉时点燃一支蜡烛。富裕的家庭会在壁炉架上点燃两支，在梳妆台上再点一支。在触手可及的地方放一盒安全火柴是非常必要的，因为要想在黑暗中找到火柴非常困难。一如既往，潘顿女士对此也有解决办法：在床上钉一个放火柴的小盒子，涂上油漆，再挂上一张火柴的图片就行了。

还有一个问题：衣服该存放在哪里？首先，我们熟悉的衣架直到20世纪才开始被普遍使用，那时人们将其称为"肩膀"（shoulders）。在那之前，人们只是简单地把衣服挂在衣柜里的挂钩上，或是直接存放在大衣箱里。几乎所有卧室里的家具都具备贮存衣物的空间。维多利亚时代的妇女所穿的笨重长裙向服装收纳发起了一个严峻的挑战。"舞会礼服……和普通的衣服", 潘顿建议使用覆盖着漂亮布料的箱式脚凳和各种小橱柜来收纳, 因为这些橱柜可以被随意安置在任何地方, 也能存放靴子和鞋子, 让它们不会再杂乱地躺在地板上。[15]

在那个时代, 一大堆满怀善意的人随时都做好了准备, 想为"卧室"下个明确的定义, 因为人人都需要睡觉, 当然, 也有很多人强调卧室的个性。1877 年, 一位名叫艾拉·丘奇 (Ella Church) 的专家说, 人们一眼就能识别出一位母亲的房间: 它有一张超大而且舒适的床、一把安乐椅和一张桌子, 这些配置都是为能"安置很多人"而准备的。单身汉的房间里会堆满报纸、烟斗、雪茄和女演员的照片。而老奶奶的卧室里会有一张老式四柱床、高高的书桌和她最中意的舒适椅子。卧室是一个人表达个性和存放财产的地方, "那些多得数不清的小玩意儿, 就是我们性格的可靠证明"。但主卧室是个例外, 因为虽说它是夫妻共用的, 但往往更突出妻子的需要, 里面会具备诸如梳妆台和穿衣镜之类的家具。

凸显个性是一回事, 保持健康又是另一回事了。许多 19 世纪中期的美国室内设计师不鼓励使用床帐、壁纸和地毯, 因为它们容易积灰, 使房间难以清洁。越来越多的人开始追求呼吸新鲜空气, 强调室内应该保持空气流通。人们普遍认为, 有益于健康的微风更容易吹进朝南的卧室。一些作者甚至建议人们面朝东方睡觉, 因为如此一来, 身体的方向就能和黄道保持一致了。《妇女之家》杂志和其他一些出版物鼓励人们睡在卧室外带有纱窗的门廊上。人们可以睡在经过特别设计的睡袋里, 或者围着窗户搭一顶特殊的户外帐篷, 这样睡在里面就能一直呼吸新鲜空气了。门廊朝向卧室一侧的窗户允许睡在帐篷里的人和卧室里的人交谈。丈夫、妻子和孩子也许会睡在同一道门廊里。

卧室家具在 19 世纪中期变得越来越常见, 人们也更愿意花心思在室内装饰上。房间的装饰总是围绕着床, 可以是简易床, 也可以是精致的

1886 年，伦敦梅普尔公司的卧室家具广告。图上展示了白色卧室系列家具和"铁铜合金四柱床架"

四柱床。照明仍然是个问题，主要还是依靠蜡烛，可如果把蜡烛放在床上就非常危险了，尤其是读书时不小心睡着的话。潘顿建议使用蜡烛灯，并在墙上搭一个煤气灯支架，以获得最大限度的照明。她在装饰房间时还喜欢摆放一些室内植物，她建议在夜间睡眠期间至少开一扇小窗。整间卧室应该是"美观、雅致、安静"的，像餐厅和客厅一样精心布置、整洁讲究，一切都应该"恰到好处"。

床的养护

床可以说是 19 世纪的家庭中最能称得上是劳动密集型家具的家具

了。到 19 世纪 60 年代，四柱床已经过时了，许多权威人士强烈推荐使用黄铜制的床或铁制的床，因为它们更不容易生虫。木头和金属床架上面覆盖着一层层毯子、被子、床单，以及多层羽毛、马鬃和稻草床垫。潘顿女士尤其讨厌木制床架，因为"某些从中冒出来的神秘小动物会带来大麻烦"。一旦它们出现，就必须把床拆开、刷洗，再重新组装好。[16] 如果某张床被传染病患者睡过，那就只能"把它烧掉"。潘顿喜欢铜制或铁制的床架，因为它们"干净、健康"。她自己睡在一张弹簧床垫上，整张床垫完全是编制的。这种床垫比"老式弹簧床"舒适得多，因为睡在那种床垫上，每次翻身都会"咯吱咯吱"地响，"让人焦躁不安，无法入睡"。维多利亚时代的一本家庭手册上规定，每个家庭中应有一个铁床架、一张能覆盖住金属弹簧的厚厚的棕色床单、三四条毯子、一床羽绒被，还有几个枕头套。这位作者建议每天早上都翻动一次床垫，每天换两次枕套——晚上用色彩艳丽的枕套，白天就换成朴素的枕套。

在维多利亚时代，家政界的最高权威是伊莎贝拉·比顿（Isabella Beeton），她对待卧室清洁更是一丝不苟。她建议在打扫卧室前先搬开天鹅绒椅子，以免它沾染灰尘。"整理床铺时应当考虑到住客的喜好：有些人喜欢中间微微隆起、从床头向床腿倾斜的床；有些人则更喜欢完全平坦的床。"女佣得让床适应睡眠者的品位，摇床、拍床和翻床时都得小心翼翼。如果被子里面的羽绒露了出来，就必须换成新的。而铺床单的漫长过程结束之后，"每条褶皱都应当流畅优美"。[17] 整理床铺的事情没完没了，而且这是个需要经过精心安排的过程，以避免任何"不必要的忙乱"。有人觉得，那些不得不听从比顿夫人的指示忙东忙西的女仆实在是太可怜了。

这支名副其实的"仆人大军"，为了清洁、健康和适宜而讲究的礼仪，把维多利亚时代的床变得清新而舒适。如果家里的仆人不多或者根本没有仆人，那么让卧室一尘不染的重担就落在了家庭主妇的肩上。19世纪90年代，伦敦郡议会的首席卫生官员雪莉·福斯特·墨菲（Shirley Forster Murphy）形容说，家中灰尘的主要成分是"伦敦干泥的粉末"，其中包括道路上的残渣和各种腐烂物的颗粒，"马和其他动物的粪便、鱼的内脏、死猫的尸体，还有垃圾桶里各种恶心的东西"。[18] 除此之外，伦敦数十万所房屋和商铺几乎都是以煤供热的，从烟囱里飘出来的煤灰随处可见。灰尘和煤烟染黑了一切，细心的住户不得不用定期清洗的布盖住家具。除了弄脏家具以外，空气中的灰尘还会弄脏梳子。人们即使只梳一次头，头发也会变黑。鉴于现今的空气更加清洁，现在的西方人根本无法想象当时的环境究竟有多脏。

通常情况下，床垫是用马鬃填充的，如果没有马鬃，就用牛毛或羊毛。这种床垫总是铺在用稻草填充的垫子上面，以防被铁床架磨损。到19世纪末，许多昂贵的床垫里都有链式弹簧，但即使是这种床垫也需要用毛发衬垫。如果床垫里没有弹簧，就要在上面铺一层床罩，避免沾上四处飞扬的烟尘。就算是闲置的床，人们也会为它铺上一层羽绒被和一层毯子。这些床很贵，而且需要精心保养。

为了防止纤维缠结成块，人们每天都得翻转和摇动床垫。要紧贴着床垫铺一条垫底的床单，煤灰才不会渗透进去，然后是一条下层床单、一条上层床单、几条毯子（在寒冷的天气里可能多达4条）、一个垫枕和几个普通枕头。枕头用优质的荷兰面料包覆，上面还会套着枕套。清洗这些床上用品是另一项艰巨的任务。几位作家建议每隔一周（用手）洗一次毯子，大约每月清洗一次床单。如果两个人共用一张床，就应该每两周洗一次床单。为了节省劳力，可以把床单交错清洗，先洗底层的，然后把上层的床单铺到底层，这样就又有一条干净的上层床单可用了。

一年两次，分别在春季和秋季，人们要对全部的床上用品进行大清

洗 ——"春季大扫除"(spring cleaning)这个词语因此而来。另一位令人敬畏的家政管理专家玛丽·霍伊斯(Mary Haweis)表示，在一间体面的卧室里，跳蚤是绝对不允许出现的。[19]床垫和枕头要拿到室外晾晒。在一个讲究的家庭中，如果有可以干重活的仆人，那么他每隔几年就会把被褥和床垫拆开，清洗干净、筛选羽毛、除去灰尘。每周至少要检查一次这些床品中是否存在跳蚤和其他虫子，这是非常重要的工作。如果发现害虫，就得把床拆开用漂白液清洗。整间卧室需要彻底清洗和消毒，所有门窗都得封起来，达到密不通风的程度。如果害虫横行，情况不受控制，这张床就会被放进一个密闭的空房间里，然后房主会燃烧硫黄来消灭害虫。就像《彼得兔》的作者比阿特丽克斯·波特(Beatrix Potter)所说的那样，人们不希望"床上出现太多的自然史"。

除了这些值得关注的问题，那些大大咧咧的男士坚持要在卧室里写作而引发的问题也令人担忧。这样会发生不可避免的意外 —— 墨水溅出来，而且再也擦不掉。犯错的男人会不假思索地抓起毛巾试图擦干净，结果只能是越擦越黑。当时，被称为"时尚室内装饰仲裁者"的霍伊斯夫人坚定地宣称，男士不该用卫生间里的毛巾擦墨水和洒出来的水。她建议在适当的毛巾架上多挂几条抹布。

这些卧室里的麻烦要到什么时候才能解决干净？有时情况可能还会变得更糟。1973 年，陷入困境的奥地利女作家英格褒·巴赫曼(Ingeborg Bachmann)的床意外失火，她本人也因此身亡。她是药物依赖患者，所以可能是在抽烟时睡着了。然而，根据 20 世纪初的一位作家推测，"卧室"在几代人之后就会消失，人们只会睡在有着卫生保障的书房或客厅的地板上。目前这种设想还没有实现。无论出现什么干扰，床和在床上发生的一切，总是决定了卧室的用途。

我们今天熟悉的卧室是人们对逃避日益工业化和城市化的喧嚣世界

的渴望的直接产物。今天，可以说卧室是任何房子中最私密的地方（即使是家庭浴室也是半公共性质的，因为会有许多人使用它，甚至包括客人）。我们的卧室以有着床垫和柔软枕头的床为中心，是安享舒适和宁静的理想场所。私人卧室里的宁静是维多利亚时代留给我们的最伟大的遗产之一。现在它广泛存在于工业化世界的每一个角落中，也存在于世界各地的精英住宅之中。

尽管如此，无论是在装饰品位上还是在地域意识形态上，每种文化都把自己的特色带入了卧室。例如，在中国古代，以风水为参照的室内设计偏好让人联想到古老的"出生图"。在主卧室的布局规划中，床不能正对着卧室的门；床头不可靠墙；床不能以对角方向斜放，因为这样会创造负面气场；床不能摆在重梁之下，因为这会消耗主人的"气"，也就是个人能量；床不能放在窗户下面；床不能摆在靠近厨房或浴室的墙旁。这些观念中有一部分是相当明智的，虽然有时这种哲学玄乎其玄。因此，郑重其事的睡眠者被建议应注意自己的"卦数"。应根据自己的生辰和性别卜卦，然后按照特定的图表来确定床摆在房间里的什么地方吉利，摆在什么地方不吉利。为了更加准确，屋主配偶的"卦数"也应该被算进去。想想看，经过这么多努力，费了这么多心神，房间的主人确实会睡得很香。

不管我们怎样布置，较为僻静的卧室都是最近才出现的，属于我们的私人床也是近期才有的东西。我们在床上度过的时光从未如此安宁。或者，如果我们拒绝接受睡眠治疗师的每一个建议，而是选择以电子手段把整个世界都带上床的话，那就无法安宁了。

第十章

未来之床

床，这件看似平凡无奇的家具，其基本设计几千年来几乎没有什么变化，但它的功能，无论在时间还是空间上，改变都是显而易见的，简单朴素的"查波伊"就是有力的证明：它是实用而舒适的睡眠场所，但在不同地区也会体现出非常强烈的地方文化特色——它是搬到阳台上表演热情洋溢的诗朗诵的理想舞台，所以在巴基斯坦非常受欢迎。它还可以被搬上屋顶，让人在夜晚凉爽的习习微风中安眠。当床的主人离开人世，这张"查波伊"会被人们竖起，立在地上，以向逝者表达敬意。[1]

在我们身边所有的生活物品里，床是最常见的一种。在现代西方，床通常是被动的物体，被藏在角落里，不会对任何事情做出评论，但在其上发生的事却很有趣。1969 年，约翰·列侬和小野洋子把酒店的床变成了政治舞台——他们举办了一场"卧床展览"以呼吁和平。那时他们刚结婚不久，在世界各地的床上待了整整一周。起先是在阿姆斯特丹的希尔顿酒店，然后是在蒙特利尔的伊丽莎白女王酒店。他们在豪华酒店的床上与访客进行热烈讨论，简直是当代的晨起接见仪式，最终吸引了数以百万计的观众。如果有人还记得路易十四的话，这样的场景一定会让他们感到惊讶——但很可能没人会记得他。

约翰·列侬和小野洋子在蜜月期间躺在他们的"和平床"上

回到未来

　　未来主义者们已经发表了无数关于床的预言，其中大多数充其量只能算是幻想。正如达·芬奇研究所的托马斯·弗雷（Thomas Frey）所说："在悬浮床上发生亲密关系会……促使人们更有创造力。"[2] 一些决定性的趋势似乎很可能定义床和人之间的关系。也许最不可抗拒的是城市人口不断上升，以及，用委婉的说法，所谓的高密度住房激增这种令人不快的现实。这种住房往往会转化为高楼大厦 —— 看看北京、上海、纽约或旧金山的非凡城市景观，那些地方的房价和房租都是天文数字。

人们一辈子都住在小公寓里。成千上万的城市居民睡在客厅里，距厨房仅有几步之遥。狭小的居住空间迫使床和床垫的设计师把自己的聪明才智发挥到极致。

几个世纪以前在君主的四柱大床下滚动的那种小轮床至今仍出现在人们的日常生活中。还有睡椅，曾因让睡眠者感到非常不适而恶名远播，但现在已经被人们用更好的铰链和床垫改进了许多，睡上去舒服多了。正如我们所看到的，折叠床并不新鲜。几十年前，西尔斯·罗巴克公司就已经开始出售"现代"折叠床了，但追根溯源，几乎所有现代的能够节省空间的室内设施都是"墨菲床"的后代。威廉·劳伦斯·墨菲（William Lawrence Murphy）出生在加利福尼亚，是"淘金热"时期某个淘金汉的儿子。[3]他曾驯养马匹，也赶过马车，还在一个拓荒者小镇当过几天治安官。20世纪初，他在旧金山租了一套一室小公寓，房间里几

纽约一间公寓里的墨菲床

乎全部的空间都被他的床占据了。据说他那时正在追求一位歌剧演员，但没办法邀请她到自己的公寓，因为人们认为未婚女子进入男人的卧室是不道德的，所以墨菲想要一张可以"隐形"的折叠床。他用一个旧的壁橱门框和几条门铰链做了一个枢轴，把床固定到墙上，让它能够折叠起来，这样在房间里就看不到它了。据墨菲的后代说，后来墨菲和女友结了婚，岳父借钱给他，让他去申请专利，生产他的新产品"墨菲床"（the Murphy-In-A-Dor Bed）。当1906年的地震袭击旧金山时，他的新事业已经走上了正轨。地震期间，折叠起来的墨菲床至少造成一名居民死亡。在人们涌进不断扩大的城市、住房拥挤、床位供不应求的时代，墨菲床作为节省空间的法宝取得了巨大的成功。墨菲床的销售量在20世纪初达到顶峰，直到今天仍由同一家公司持续生产。

在墨菲床的设计中并没有使用箱式弹簧。床垫就安装在木制床板或金属丝网上面，用皮带固定，这样在把床折叠起来时床垫就不会掉下来。墨菲床最初的式样是垂直折叠到墙上的，但现在人们还可以购买到从侧面折叠的款式和带有折叠架子、桌子或折叠书桌的墨菲床——当床被收进墙壁时，这些架子和桌子就可以展开。有些型号的墨菲床甚至可以变形成沙发或办公设备。

对居住在空间昂贵的共管公寓或独立公寓中的人来说，墨菲床是理想的解决方案，特别是有了垂直电梯等新发明之后，这种床更容易在公寓楼里搬上搬下。当然，稳固的安装是必不可少的，以免床倒塌在安装者身上。1982年，有个醉汉在一张收拢的墨菲床里窒息而死；2005年，两名妇女被困在一张安装不当的墨菲床里，不幸丧命。墨菲床曾在查理·卓别林的电影《凌晨一点》（*One A.M.*，1916年）和"007"系列电影《雷霆谷》（*You Only Live Twice*）里扮演过重要角色：詹姆斯·邦德被困在一张墨菲床里，然后被子弹射穿了——当然，他才不会真就这样死了。

要解决空间问题还有其他巧妙的办法。有些人把床从公寓的天花板上吊下来，这样也许能提供一种更高级的睡眠体验，并节省地板空间，但必须事先加固天花板，还得注意操作的正确性。还有一个办法：把床变成一间储藏室。这样人就可以睡在一件包含衣橱、书架和娱乐中心等综合功能的家具上面。只有单人床才符合这样的条件，因为必须在床上安装梯子，还得小心别摔下来。但是，未来可能属于"智能家具"。奥利生活公司（Ori Living）是研发智能家具的先驱，只需触碰开关、操作智能手机应用程序或通过语音激活，就能让整个房间里的智能家具移动起来。针对居住在高密度城市住宅里的人，这家公司在宣传广告里乐观地承诺了一种"重新设想如何在现有的空间里生活……提高居住空间的宜居性，提升空间利用率"的方式。[4]奥利生活公司为用户提供的材料有：完整的假墙、壁橱、橱柜，还有其他接通电源就可以沿着磁力轨道滑动的家具。这面假墙可以来回推动或合拢，让沙发出现在原本是衣橱的地方。在他们的公寓套房里的床，就像某种发展到顶级的轮床，可以沿着墙滑动，在原本的位置摆上一张餐桌就可以把卧室变成餐厅或者聚会厅。别担心安全问题，奥利生活公司向客户保证，只要受到稍具质量的物体的阻挡，这种家具就会停止移动，而且就算停电，它们也可以轻易地被人力搬动。

改变空间

包括计算机程序员和作家在内的部分群体正逐渐把工作地点转移回家中。在空间紧张且昂贵的地方，那些不愿意或不会使用智能机械的人只能简单地对自己的房间做些调整，比如，他们会把床搭在自己的办公桌上。这样的床被称为"阁楼床"，在孩子们的房间里也很常见，因为他们比自己的父母更容易爬上这种床。

长期居住在狭小空间里的日本人，几百年来一直睡在一种日式被褥上。这是一种薄薄的床垫，白天收纳在柜子里，晚上就摊开铺在地板上。这种被褥是日式床垫的一部分，厚度约 10 厘米，大约是美式床垫的一半，因为美式床垫里填充着有机棉、乳胶和羊毛，非常厚实。日式被褥是直接铺在地板上的，每天早上都会被收起来。它们的巨大优势是可以腾出地面的空间，还能提供比传统的床更舒适的睡眠体验。使用这种被褥的人每两三周就得把它们翻动一次，这样才能让它均匀地磨损，还得记得在白天把它们收起来，防止底面发霉。人们还可以购买泡沫塑料材质的日式床垫，这在旧金山也很流行。

其他一些人，比如所谓的"数字游民"（digital nomads），往往是年轻、富有并精通科技的西方人，已经开始接受这种移动中的生活了。荷兰建筑设计工作室马基·贝（Makkink and Bey）已经为这个市场设计出了一种概念床。他们在 2014 年发布的"流浪生活"未来折叠床采用了纯天然材料，包括木材、羊毛和大量白棉花。这张床唤起了以前人们对田园生活的想象与向往，但其中缺少了泥土的元素。床被紧紧地扎成圆形的包裹，主人可以轻松地把它背在身上。所有这些方案的目的都在于让更多的床挤进更狭小的空间。在工业革命开始 300 年后的今天，数百万人，包括整个家族、夫妇或仅仅是室友关系的那些人，挤住在比祖祖辈辈所拥有的更狭小的空间里。这种近距离接触重新定义了我们自 19 世纪以来所认识到的"隐私"。床上的隐私权是中产阶级世世代代的特权，如今已不复存在。公寓式住宅，意味着和家人，有时还得和最初只是陌生人的室友住在一起。如何把自己孤立出来？除了戴上降噪耳机，我们还需要更多更巧妙的解决方案。哪怕是住在传统卧室或较大空间里的人有时也渴望享受彻底的独处，但是在一个电视时刻发出响亮而刺耳的噪声、手机随处可见的世界里，这样的机会很难找到。

呼呼大睡

从杂志上和网络上的文章来看，我们西方人近乎疯狂地痴迷于寻找获得良好睡眠的方法。我们寻求神奇的、也许是神话般的连续 8 小时不受打扰的睡眠。这种追求的大部分探索都是围绕着药物、草药疗法以及种种建议进行的，比如不要在深夜喝酒、不要在午后喝咖啡，或者不要吃得太多，也不要吃得太晚。枕头也经过了重新设计，衍生出诸如"脸枕"（YourFacePillow）这样的产品。这种枕头两边的支撑是为了让人仰面安睡。慢慢发生着变化的床反映出技术的更迭和时尚的变迁。大部分创新都围绕着床垫展开，其中出现了一些非常吸引人的切入点，比如考虑到人们对水床的需求，这件在 20 世纪 60 年代非常时髦的产品应运而生。

水床存在的时间比这长得多，一些来源未经证实（很可惜）的资料暗示，水床起源于古老的美索不达米亚，但其实是旧金山州立大学工业设计专业的学生查尔斯·霍尔（Charles Hall）和他的朋友一起，为撰写他的硕士论文设计出了充水乙烯基床垫。[5] 起初，他在试验中耗费了 136 千克玉米淀粉凝胶，甚至还用上了果冻，但很遗憾，这些材料最后都被分解了。后来他改用水做试验。毕业后，霍尔将他的水床命名为"欢乐窝"（the Pleasure Pit），并在加州的 30 家零售店出售。他的早期客户包括摇滚乐队"杰斐逊飞机"和"史默思兄弟"组合。然而，以嬉皮士和生活混乱的单身汉为目标客户的廉价仿制品开始在市场中泛滥，霍尔难以捍卫自己的专利。其中一种仿制品被称为"湿梦"（Wet Dream），最大的卖点是带有强烈的性暗示意味。《花花公子》的主编休·海夫纳（Hugh Hefner）也定制过一张以塔斯马尼亚负鼠皮毛为表层材质的水床。20 世纪 80 年代，水床已经成为主流，那些时常受到腰酸背痛困扰的人或对传统床垫过敏的人对其青睐有加。水床成了电影和电视节目中最受欢迎的话题，在这些节目中，水床总是会爆开或者突然漏水。

1987 年，水床在美国销售的床垫中占比 22%，但这种床自身也有严重的缺陷。如果你不介意把软水管接进卧室，那么水床是个不错的选择，因为水床一旦灌满就会有溢出的风险，甚至会在人们睡着时突然泄漏。排空水床里的水需要借助电泵，但早期的电泵非常重。许多在水床上睡觉的人不喜欢那种湿软的感觉。到 20 世纪 90 年代，传统的床垫设计师提出创新，让他们的产品更轻、更软，使用体验更佳。面对竞争，水床市场迅速衰落，沦落为缝隙市场。今天，式样更复杂的水床不仅配备"内胆"——类似于巨大的水气球，起到波浪缓冲系统的作用，还可以加强温度控制，保证睡眠者时刻感到温暖。市场上还出售内置环绕声音响、治疗照明灯和提供太空失重体验的床垫的水床。那些热衷于水床的人是非常忠诚的，但现在的大多数人，即使依依不舍也都弃水床而去——有谁想让水管穿过自家卧室的窗户？霍尔本人现在住在华盛顿班布里奇岛，仍睡在水床上。他正在考虑更复杂的设计，想要与一位开家具连锁店的朋友联手，以佛罗里达州为测试市场，逐步东山再起。考虑到新一代人没有经历过 20 世纪 70 年代的那场革命，也许水床的时代会再次到来。

主流的床垫制造商仍在竞争激烈却利润丰厚的市场中运作，特别是北美市场。其中一些商家正在向海外扩张，他们认为亚洲和其他地区的市场正在富有的睡眠者中蓬勃发展。他们想的可能没错，毕竟市场的风向变幻无常，即使他们提出的销售策略似乎有些保守。例如，著名的席伊丽床垫的产品线包括"有各种强化功能可供选择的"下垫，顾客可以订购一个只可调节头部位置的下垫，或直接购买"反射 4"（Rflexion 4）款式，它为睡眠者的头和脚提供了符合人体力学的完全自由的活动范围。

所有的下垫都配有无线遥控器，而"反射"系列还设计有"双重按摩区"。根据席伊丽公司的介绍，他们的顶级产品线"泰普尔"（Tempur-Pedic）床垫是"精心定制"的产品，是将丝绒混纺的垫面和"钻石浮雕"侧嵌板相结合的高端床垫。

人们想知道自己未来会迎来什么样的舒适巅峰。非常高端的床垫已经自成市场。来自瑞典的达克斯娜（Duxiana）床垫内置三重坚固层和腰部支撑系统，使睡眠者可以自行调整下背部的支撑受力。瑞典的海斯滕公司是一家拥有 150 多年悠久历史的制床企业，经常为超级富豪提供一般需要手工缝制 300 多个小时才能制成的高端床垫，这种床垫的最低价格为 1.3 万美元，最高可达 14 万美元。床品套组或任何颇具异国情调的床上用品 —— 毛皮、奢华至极的面料、精致的金属配件，任何人们能想到的东西都能以额外收费的方式接受定制。所有产品都是手工制作的，包括那些在我们普通人家的床垫上从不会出现的额外的工艺细节。海斯滕公司的床垫非常耐用，甚至可以世代相传。由加州床垫商克鲁夫特制造的"王宫"（Palais Royal）床垫价格稍低，内含数千个裹在手纺棉花芯里的弹簧，两层马鬃，还有 10 层以上其他的填充物，包括 4.5 千克新西兰羊绒。10 个工匠花上 3 天时间才能制作完成这样一张床垫。英国床垫制造商维斯普林（Vispring）生产的是完全定制的床垫，顾客可以自由选择床垫的张力和其他细节，甚至可以要求在面料上加一层小羊驼毛 —— 这将使床垫成本超过 7.1 万美元。据说这样一张床垫的柔软程度会让睡眠者觉得自己好像躺在云上。

如今，实际优势对人们而言更重于声望和特权。床再也不是用来炫耀的东西，但是那些为睡觉场所一掷千金的人只想把最好的东西放在身边，即使实际上他们并没有因此睡得更好也没关系。随着不同的制造商热火朝天地争夺市场份额，人们对完美床垫的追求将有增无减。除了不断升级的内部技术之外，许多对床垫的创新还延伸到了床的附加品范围。越来越普遍的现象是，床正在成为逃避快节奏的现实世界的避风港。如今人们在意的事物中有很大一部分关乎和平与安宁，人们希望能自主选择是与外界保持联系还是一个人躲在自己的世界里。

就连家里的宠物也会因此变得安静。根据美国宠物产品协会统计，美国有近一半的宠物狗（62% 的小型犬、41% 的中型犬和 32% 的大型犬）和主人一起睡或睡在主人的床上。和主人一起睡既能带给猫狗安全感，也能让它们感到温暖。对于另外 50% 不和主人一起睡的狗来说，狗床已经开拓出了庞大的市场。这种床经常在网络购物平台出售，配图往往是一只黄色的拉布拉多犬懒洋洋地窝在舒适的床里。狗床市场中的高端产品会采用记忆泡沫作为填充物，还带有凸出的侧边和可拆洗的织物或垫褥。市面上甚至还出现了一种"洞床"，样子和睡袋差不多，或者就是个简单的垫子。此外，我们不能忘了还有车载狗床。以高端钓鱼装备和户外休闲活动用品为主营产品的户外用品销售商奥维斯公司号称其出售的"狠咬"（ToughChew）牌狗床"可以承受宠物的冲击和撕咬"。这种床具备双层结构，能抵抗动物的咀嚼、撕咬或抓挠。假如你的床被狗狗啃破了，奥维斯公司会为你全额退款。这种床有多种颜色，以采用柔软而坚韧的材料为产品特色，顾客还可以要求在上面绣自家爱犬的名字。

未来的床与梦

也许未来的床会变成像豆荚一样的舱床，当你懒洋洋地躺进被窝时，这张床能满足你的一切需求。这种床其实已经出现了，但还远没有普及。它与所有必要的计算机相连，通过监控睡眠者的舒适度来调节温度、光线，甚至包括外部声音的高低。当然，这种床配有自动按摩系统，可以使床轻轻摇动，缓慢轻柔地将睡眠者唤醒。配备了篷罩的舱床内部还具备多媒体屏幕，这样睡在其中的夫妇不用起床就可以看电视或浏览网页。当睡意来临时，只需按下一个按钮，这块屏幕就会闭合成一个普通的小窗口。

有些睡眠舱包括一套完整的多媒体娱乐系统，包括游戏机和高清投影仪。如你所料，睡眠者可以随心所欲地调整自己的床，可以随时降下百叶窗，与伴侣共度亲密时刻。人们也可以选择拥有一张生态床，这种床自带各种植物，由发光二极管提供其生长所需的光照。这种生态床不仅内置能够播放助眠音乐的音响，甚至还有独立的发电系统，能将发生在床内外的每一种活动都转化为能量。而"云床"是放松或睡觉的极佳场所，它利用磁力，使上端柔软的床垫悬浮起来。但这种床对许多人来说非常不实用，因为睡在这种床上意味着人们要过上清教徒般的禁欲生活。

舱床总是会让人联想到胶囊酒店 —— 这是在整个酒店行业，尤其是在亚洲国家迅速扩张的一部分。它们既为商务旅行者服务，也迎合了精打细算的游客的需求：他们都需要最基础的设施 —— 一个睡觉的地方、快速的无线网、为电子产品充电的设备，还有一张小桌子（如果有必要的话）。胶囊酒店特别适合年轻的城市旅行者，他们希望住在靠近市中心而且交通便利的地方，但越方便就越昂贵，这在很大程度上是胶囊酒店及其简易床位的数量能在亚洲爆炸性增长的原因。许多胶囊酒店都是快速扩张中的连锁店，甚至还有按小时计费的钟点房，颇受机场里那些疲惫不堪的旅客的欢迎。而且，不言而喻的是，这种房间也方便了那些购买性服务的人。

最早的胶囊酒店起源于日本，作为住宿酒店，它几乎没有什么装饰，也不具备可以与同路旅客交流的空间。现在这种概念已经有所转变，胶囊酒店也越来越强调要设计出让员工共同工作的空间，以及供客人交流的区域。旅客甚至可以用社交软件定制自己的高科技睡眠舱。还有一些别出心裁的壁龛式胶囊酒店，比如在京都和东京的书店里的那些，床位设置在书架上，让旅客获得睡在书堆里的体验。其实，床还是和原来的一样，但可定制的睡眠环境越来越丰富，科技日臻成熟，所有人的床不会再千篇一律了。

舱床、篷盖床、磁悬浮床和豪华水床都有一个共同特征——联通性，而这个概念在几年前还不为人所知。有些床垫已经开始附带 USB 接口和蓝牙功能，床和智能手机实现完全同步也不过是早晚的事，这样人们就能一边准备起床、就寝，一边浏览网页或者上网聊天。也许未来某天，床会自动明白何时该调节温度高低、音量大小和灯光明暗，所有这些都与未来科技相关，人们要做的仅仅是懒洋洋地沉浸在智能力量所创造的舒适环境中。虚拟现实技术会使床垫具备让人们睡在盛开的鲜花丛中、纽约帝国大厦的楼顶上或满月和星空下的能力。在不久的将来，人们就能买到可以提供为每个睡眠者量身定制的舒适区，并配备单独的暖气和空调的床垫。肯定还会有人开发出全息图像伴侣，他会坐在床边为我们讲着睡前故事。当然，对我们二人而言，能够自动除虫，并且具备自我清洁能力的抗菌床垫更有吸引力。

像我们的祖先一样，未来的人无疑更喜欢躺在舒适的地面上，但未来学家可不会让床留在原地。一些人认为悬浮床就是床的终极形态，他们设想这种床下会有许多束不停喷射的气流，将人推向半空中。睡眠者可以调节气流强度，飘浮在自己的"太空模式"中。悬浮床的枕头会嵌入芯片和传感器，以测量睡眠者的生命体征，追踪其睡眠模式，并提供理想的唤醒时间。那时就连天花板和墙壁也会发光，模拟白天或夜晚的环境。现在的人还在谈论着适配于床用智能手机的耳机和耳塞，还有受语音和传感器控制的加热和制冷装置。鉴于居住密度越来越高，生活空间越来越小，能把客厅变为卧室的自动化家具也会被纳入讨论范围。垂直房间将会更加普遍，人们也许可以像宇航员那样睡在袋子里，但我们该如何创造失重环境，让这样的睡眠体验更舒适呢？

我们中的大多数还躺在我们的祖父母都很了解的老式床垫上，只是我们的床垫可能会比他们的更舒服一些。我们为什么要在这种混合产品中加入智能技术？我们真的希望电子产品除了监测我们的身体状况之外，还会记录我们的音乐品位、阅读偏好和消费习惯吗？对那些沉迷于健康监测手表和卡路里计算应用程序的人来说，答案也许是肯定的。我们很快就能买到一张内置睡眠追踪器的床垫。就理论上而言，我们的床不再会一成不变，而是会随着时间的推移不断改良。有些人认为睡眠监测会让人睡得更"智能"——不管这到底意味着什么。床垫也许会创造最佳的睡眠条件，但它无法解决困扰着人们的睡眠问题。对我们大多数人来说，除了为了保持个人的日程安排而放弃一整天的工作之外，合理饮食，在适当的时间睡觉，定期锻炼，和伴侣享受鱼水之欢，才是提高睡眠质量的最佳良方。

床曾是热闹而充满活力的地方，也是衰落的生命消失于阴影之中的地方，而现在它可能正在演变成真正的社交场所。美国艺术家劳里·安德森（Laurie Anderson）说："科技，其实就是让我们围坐在一起讲故事的荧荧篝火。"她起码说对了一部分。可以预想，通过科技，我们能将世界上的任何人或任何想法带回自己的床上——这不是指对我们的祖先而言再正常不过的那种亲密肢体接触。极度亲密，极度疏离，今天的床一如既往地反映着我们的生活。掀开明日之床的床单，我们能够一眼望见世界的未来，它满是细微琐碎的噩梦，也包含着人们那显而易见的梦想——我们渴望着彼此间的联结。

注　释

第一章

1. Wright, 2004.

2. Samson, 2012.

3. Thoemmes et al, 2018.

4. Wadley et al., 2011.

5. Nadel, 2004.

6. Shafer and Bryant, 1977.

7. Childe, 1983.

8. Richards, 2005; Richards and Jones, 2016.

9. Parker Pearson, 2012.

10. Malone and Stoddart, 2016; Malone, 2008.

11. Tetley, 2000. A useful general account of ground sleeping: "Instinctive sleeping and resting postures: an anthropological and zoological approach to treatment of lower back and joint pain," https://www.ncbi.nlm.nih.gov/pmc/articles/ PMC1119282/.

12. Dodson and Hilton, 2004.

13. Reeves, 1990.

14. Siculus, Historical Library, vol. 1: chapter 70.

15. Carlano and Sumberg, 2006; Crystal, 2015.

16. For the Tristan Quilt, see the Victoria and Albert Museum website: http:// collections. vam.ac.uk/item/ 098183/the-tristan-quilt-bed-cover-unknown/.

17. https://www.pepysdiary.com/diary/ 1666/ 08/ 15.

18. Ormiston and Wells, 2010.

19. http://www.retailtimes.co.uk/bed-overtakes-sofa-used-piece-furniture-britishhomes-made-com-reports/.

第二章

1. Sir William Vaughan (c. 1575–1641) was a Welsh writer who promoted colonization in Newfoundland. The quotation is from Vaughan, 1609, chapter 3.

2. Phiston, 1609.

3. Ibid.

4. Cited by Ekirch, 2005: 310.

5. Freud and Strachey, 2010.

6. Horne, 2007: 165.

7. Den Boer, 2012.

8. Wehr, 1992.

9. Ekirch, 2005. For early modern England, see Handley, 2016.

10. Glaskin and Chenhall, 2013.

11. See Yetish et al., 2015.

12. Huffington，2017: 76.

13. Walker, 2017.

14. Reiss, 2017.

15. Horne, 207.

16. Churchill, 2013: 999.

17. From an interview with Edison by Edward Marshall, New York Times, February 6, 1927.

18. Kripke et al., 2002.

第三章

1. Tacitus, Annals 15: 37–41. Emperor Nero (AD 37–68) was an extravagant, tyrannical ruler who committed suicide when he learned he had been condemned to death in absentia as a "public enemy".

2. Crystal, 2015.

3. Booth, 2015.

4. Cooper, 2002: 94.

5. Xenophon, 1979, chapter 7, section 11.

6. Crystal, 2015: 144.

7. Wright, 2004: 72.

8. Tannahill, 1980, chapter 7.

9. Grundy, 2010. See also Patterson, 2013.

10. Malinowski, 1929.

11. George, 2016.

12. Crystal, 2015: 15. British Museum accession number 1867, 0509. 55.

13. Tannahill, 1980: 164. See also Van Gulik, 1994.

14. Tannahill, 1980. See chapter 8 for a comprehensive discussion. See also Daniélou, 1993.

15. Knudsen, 2012.

第四章

1. Scientific analysis of the teeth of the fetus, performed in 2017, revealed that mother and baby died between the thirty-first and thirty-third gestational weeks and that both suffered severe stress during the last two and a half months of life. See Nava et al., 2017, for the full illustrated report.

2. Genesis 3:16.

3. The Seated Woman of Çatalhöyük (with restored head) is on permanent display at the Anatolian Civilizations Museum, Ankara, Turkey (see kultur. gov.tr).

4. For detailed information about current infant mortality rates, see the World Health Organization: http://www.who.int/gho/child_health/mortality/mortality_ under_five_text/en/.

5. Papyrus Westcar: www.revolvy.com. For background and discussion, see Booth, 2015, and Blackman, 1988.

6. Nunn, 2002.

7. Sushruta or Susruta, called the Father of Surgery, was born around 600 BC in Uttar Pradesh, India. His treatise *The Compendium of Sushruta* is one of the most important surviving ancient texts on medicine. See Bhishagratna, 2006.

8. King, 2005; Soranus of Ephesus and Owsei Temkin, 1991.

9. Posidippus, as quoted by Blundell, 1995: 131. Posidippus was an epigraphic poet of the second century BC.

10. Cook and Luo, 2017.

11. From *Ishinpo*, 23.8 a. *Ishinpo*, thirty volumes long and the oldest surviving Japanese medical text, was completed in AD 984 by Ramba Yasuyori. As quoted by Jen-der Lee, 1996: 228.

12. From Wang Tao, quoting from the work of Cui Zhiti (d. AD 681), who wrote widely on childbirth medicine. As quoted by Jen-der Lee, 1996: 235.

13. This saying comes from *Ishinpo*, 23.24a, as quoted by Jen-der Lee, 1996: 234.

14. Licence, 2012: 213.

15. As detailed by the botanic gardens at Kew, London (kew.org).

16. Licence, 2012: 213.

17. From a study by Roger Schofield, 1993. "Did the mothers really die?" in Peter Laslett, ed., *The World We Have Lost* (Cambridge: Cambridge University Press), cited by Licence, 2012.

18. François Mauriceau (1637–1709) was a leading seventeenth-century obstetrician. Quotation in Mauriceau, 1668: 157.

19. Meigs, 1854: 104. Charles Delucena Meigs (1792–1869) was an American obstetrician who opposed obstetrical anesthesia and believed physicians' hands could not possibly transmit disease.

20. Kleeman, 2015.

第五章

1. El Brujo is a complex of ceremonial structures built by the Moche state of coastal Peru between AD 1 and 600. The Lady of Cao remains unpublished in detail, except for popular accounts, including a feature by Nadia Durrani in *Current World Archaeology* (2009, issue 35): see https://www.world-archaeology. com/travel/moche-route-the/.

2. Quotation from Tablet 8 of the Epic of Gilgamesh, fully searchable online at http://www. ancienttexts.org/library/mesopotamian/gilgamesh/tab 8.htm. Or see also George, 2016.

3. Baughan, 2013, chapters 1, 2.

4. Reisner, 1923.

5. Kemp et al., 2013.

6. Bianucci et al., 2015.

7. Reeves, 1990.

8. The contents of Kha's tomb are on display at the refurbished Museo Egizio (Egyptian museum) in Turin, Italy. See https://www.museoegizio.it/en/.

9. Tomb H18 was published by the archaeologist Kathleen Kenyon, the excavator of Jericho, in 1960 and is cited by Baughan, 2013.

10. Baughan, 2013.

11. Needham and Ping-Yü, 1959, 1970.

12. Whitelock, 2013: 338ff.

13. Quoted in ibid., 342.

14. Ibid.

15. Plato (born in the mid to late 420s BC) recorded Socrates's death (in 399 BC) in Phaedo, also known to ancient readers as "On the Soul". Text translated by Benjamin Jowett (1892), quotation from 113.

16. Tacitus was born around AD 56–57, when Nero was emperor. Quotation from *Annals*, book 15: 60–64. See Blakeney, 1908, 1: 498–502. For Seneca's death, see Ker, 2009.

17. Nimoy's tweet can be found here: https://twitter.com/therealnimoy/status/56 9762773204217857?lang=en.

18. Steenkamp was Pistorius's girlfriend. Pistorius was convicted of murdering her in 2013. Her tweet is here: https://twitter.com/reevasteenkamp?lang=en.

19. Hardy, 1998: 117.

20. For footage of the Torajans, see http://www.bbc.co.uk/news/magazine-39603771.

第六章

1. The Great Bed of Ware can be seen at the Victoria and Albert Museum, London, Room 57. See www.vam.ac.uk. Prince Ludwig I of Anhalt-Köthen (1579–1650) was also an unexceptional princeling who preferred agricultural development to making war. Quote from www.greatbedofware.org.uk.

2. Shakespeare, *Twelfth Night* 3: 2.

3. Quotations from www.greatbedofware.org.uk.

4. Ekirch, 2005: 279. See also Worsley, 2012.

5. Melville, 2012: 36.

6. Butterfield, 1961: 418.

7. Leidloff, 1975: 17.

8. John Whiting (1908–91) and his wife, Beatrice Whiting (1914–2004), were leading psychological anthropologists who pioneered the comparative study of child development,first at Yale and then at Harvard. See Edwards and Bloch (2010) for an overview of their work, and Pawlik and Rosenzweig, 2000: 242, for more on the research cited here.

9. Carlano and Sumburg, 2006: 83.

10. Handley, 2016.

11. Ekirch, 2005.

12. Ibid.

13. Tomalin, 2007.

14. Tahhan, 2013.

15. From *The Works of Benjamin Jonson* (London, 1616), quoted by Ekirch 2005: 292.

16. Soranus and Temkin, 1991. See also Soranos, *Gynaikia* (P. Burguière, D. Gourévitch, and Y. Malinas, trans. and eds., *Soranus d'Ephèse: maladies des femmes* [Paris 1988], 1:xxxix–xl).

17. For James McKenna's work, see https://cosleeping.nd.edu.

18. Ibid.

19. Carlona and Sumberg, 2006.

20. Borel, 2015.

21. Gizelle Schoch, personal communication.

22. Reiss, 2017.

第七章

1. Lorenzi, 2017.

2. Lehner and Hawass, 2017.

3. Quotations from Fagles, 1996: book 4, ll. 332–35, and book 20, l. 410.

4. Thesiger and Anderson, 2008.

5. Lattimore, 1941.

6. Richardson, 2014.

7. The Englishman John Evelyn was a writer on many topics, including horticulture, theology, and vegetarianism. He kept his *Diary* (some parts are more like a memoir in that they were added much later) from 1640 to 1706. Quotation from Bédoyère, 1995: 63.

8. Ibn Battuta. 1853–58, 3:380.

9. George Robert Gleig (1796–1888) was a soldier who became a priest. He wrote numerous books on military topics, including a biography of Wellington. Quotation from Gleig, 1871: 127.

10. Information on Napoleon's camp bed is from Fondation Napoleon at Napoleon. org. HomeHistory of the Two EmpiresObjectsNapoleon's camp bed.

11. Quotations in this paragraph from Miller, 1915: 62.

12. Startzman, 2014.

13. Frink and Frink, 1897: 7.

14. Richardson and Eberlein, 1925.

15. Leyendecker, 1992.

16. Discussion of RVs is in Jim Morrison, "Commemorating 100 Years of the RV," www.Smithsonianmag.com, August 24, 2010.

第八章

1. Wright, 2004: 29.

2. Ibid.

3. Big marital beds: ibid., 73.

4. Whitelock, 2013.

5. Ibid., 244.

6. Mitford and Mansel, 2012.

7. Siculus, 2014: vol. 1: chapter 70.

8. The Duke of Saint-Simon (1675–1755) was a soldier, writer, and unrivaled, if unreliable, chronicler of King Louis XIV's court. Saint-Simon's *The Memoirs of Louis XIV* is a major source on Versailles. See https://www.gutenberg.org/files/3875/3875-h/3875-h.htm.

9. Wright, 2004: 108.

10. Saddiq Muhammed Khan Abassi IV's bed is known from a watercolor and several

1882 photographs taken by Christofle. See Skoggard, 2000.

11. Danchev and Todman, 2001: 223.

第九章

1. Comment made at a Federal Trade Commission workshop on the Internet of Things in 2013.

2. Malinowski, 1929.

3. Pliny the Elder, *Natural History*, book 35. Pliny and Holland, 2013.

4. Pompeii graffiti: McGinn, 2004.

5. Quotations in this paragraph are from Fagan, 2004: 18–23.

6. Olsen, 1976.

7. Tosh, 1999.

8. Flanders, 2003, introduction and chapter 1.

9. From the June 1918 edition of *Earnshaw's Infants' Department*, a trade publication.

10. Warren and Brandeis, 1890: 196.

11. Flanders, 2003, chapter 1.

12. Quoted by Ekirch, 2005: 282.

13. Panton, 1888: 182.

14. Ibid., 183.

15. Ibid., 189.

16. Ibid., 140.

17. Beeton, 1859–61: 992.

18. Flanders, 2003: 47.

19. Haweis, 1889.

第十章

1. Charpoys: www.stringbedco.com.

2. Frey, 2016: 65.

3. The best summary of Murphy's life is at https://www.en.wikipedia.org/wiki/ Murphy_bed.

4. https://oriliving.com.

5. Greenfield, 2010.

参考书目

为了创作这本书，我们查阅了数以百计的文章、书籍和网站，其中许多是晦涩难懂的。我们只在这里列出了主要参考资料的来源。有心的读者会发现，这里列出的许多参考书目会涉及更专业的文献。除非另有说明，本书所有引用均出自下列出版物：

Baughan, Elizabeth P. 2013. *Couched in Death: Klinai and Identity in Anatolia and Beyond.* Madison: University of Wisconsin Press.

Beard, Mary. *Guardian* article: https://www.theguardian.com/books/2009/mar/2/philosophy.

Bédoyère, Guy de la, ed. 1995. *Diary: John Evelyn.* Woodbridge, UK: Boydell Press.

Beeton, Isabella. 1859–61. *Mrs Beeton's Book of Household Management.* London: Chancellor Press, 1982.

Bhishagratna, Kaviraj Kunjalal, trans. 2006. *The Shushruta Samhita: An English and Translation Based on Original Texts.* New Delhi: Cosmo Publications.

Bianucci, Raffaella, et al. 2015. "Shedding New Light on the 18th Dynasty Mummies of the Royal Architect Kha and His Spouse Merit." PLOS One DOI: 10.1371/journal.pone.0131916.

Blackman, A. V. 1988. *The Story of King Cheops and the Magicians.* Hemet, CA: J. V. Books.

Blakeney, E. H., ed. *Tacitus: The Annals.* Vol. 1: 498–502. London: J. M. Dent.

Blundell, Sue. 1995. *Women in Ancient Greece.* Cambridge: Harvard University Press.

Booth, Charlotte. 2015. *In Bed with the Ancient Egyptians.* Amberley, UK: Stroud.

Borel, Brooke. 2015. *Infested: How the Beg Bug Infiltrated Our Bedrooms and Took Over the World.* Chicago: University of Chicago Press.

Butterfield. L. H. 1961. *Diary and Autobiography of John Adams.* Vol. 3 Cambridge, MA: Belknap Press.

Carlano, Annie, and Bobbie Sumberg. 2006. *Sleeping Around: The Bed from Antiquity to Now.* Seattle: University of Washington Press; Santa Fe: Museum of International Folk Art.

Childe, Vere Gordon. 1983. *Skara Brae.* Rev. ed. London: HM Stationery Office.

Churchill, Winston S. 2013. *Churchill by Himself.* London: Rosetta Books.

Cook, Constance, and Xinhui Luo. 2017. *Birth in Ancient China: A Study of Metaphor and Cultural Identity in Pre-Imperial China.* Albany: State University of New York Press.

Cooper, Jerold S. 2002. "Virginity in Ancient Mesopotamia." In *Sex and Gender in the Ancient Near East*, ed. S. Parpola and R. Whiting. Helsinki: SAA.

Crystal, Paul. 2015. *In Bed with the Romans.* Amberley, UK: Stroud.

Danchev, Alex, and Daniel Todman, eds. 2001. *Field Marshall Lord Alanbrooke: War Diaries, – .* London: Weidenfeld and Nicholson.

Daniélou, Alain. 1993. *The Complete Kama Sutra.* New York: Simon and Schuster. den Boer, E. 2012. "Spirit Conception: Dreams in Aboriginal Australia." *Dreaming* 22, no. 3: 192–211.

Dodson, Aidan, and Dyan Hilton. 2004. *The Complete Royal Families of Egypt.* London: Thames and Hudson.

Edwards, Carolyn P., and Marianne Bloch. 2010. "The Whitings' Concepts of Culture and How They Have Fared in Contemporary Psychology and Anthropology." Faculty Publications, Department of Psychology. 501. http:// digitalcommons.unl.edu/ psychfacpub/ 501.

Ekirch, Roger A. 2005. *At Day's Close: The Night in Times Past.* New York: Norton.

Elyot, Thomas. 1539. *The Castell of Helth.* London: Thomas Bethelet.

Fagan, Brian. 2004. *Fish on Friday: Feasting, Fasting, and the Discovery of the New World.* New York: Basic Books.

Fagles, Robert. 1996. *The Odyssey: Homer.* New York: Viking.

Flanders, Judith. 2003. *Inside the Victorian Home: A Portrait of Domestics Life in Victorian England.* New York: Norton.

Freud, Sigmund, and James Strachey, trans. 2010. *The Interpretation of Dreams: The Complete and Definitive Text.* New York: Basic Books.

Frey, Thomas. 2016. *Epiphany Z: Eight Radical Visions for Transforming Your Future.* Hampton, VA: Morgan James.

Frink, Ledyard, and Margaret A. Frink. 1897. *Journal of a Party of California Gold Seekers.* Oakland, CA: publisher unknown.

George, Andrew. 2016. *The Epic of Gilgamesh.* Rev. ed. New York: Penguin Classics.

Glaskin, Katie, and Richard Chenhall, eds. 2013. *Sleep Around the World: Anthropological Perspectives.* New York: Palgrave Macmillan.

Gleig, George Robert. 1871. *The Life of Arthur, Duke of Wellington.* London: Longmans, Green, Reader, and Dyer.

Goodman, Ruth. 2017. *How to Be a Tudor.* New York: Liveright.

Greenfield, Rebecca. 2010. "The Rise and Fall of the (Sexy, Icky, Practical) Waterbed." *Atlantic,* August 13, 2010.

Grundy, Mrs. 2010. *A History of Four Centuries of Morals in Great Britain and the United States Intended to Illuminate Present Problems.* Reprint. Whitefish, MT: Kessinger.

Handley, Sasha. 2016. *Sleep in Early Modern England.* New Haven: Yale University Press.

Hardy, Thomas. 1998 (1891). *Tess of the d'Urbervilles.* Edited by John Paul Riquelme. New York: Bedford Books.

Haweis, Mary Eliza Joy. 1889. *The Art of Housekeeping.* London: Chatto and Windus.

Horne, Jim. 2007. Sleepfaring: *The Secrets and Science of a Good Night's Sleep.* Oxford: Oxford University Press.

Ibn Battuta. 1853–58. *The Travels of Ibn Battutah.* Translated by Tim MacintoshSmith. New York: Pan Macmillan.

James, H. E. M. 1888. *The Long White Mountain, or a Journey in Manchuria.* London: Longmans, Green, 1888.

Ker, James. 2009. *The Deaths of Seneca.* Oxford: Oxford University Press.

Kemp, Barry, et al. 2013. "Life, Death and beyond in Akhenaten's Egypt: Excavating the South Tombs Cemetery at Amarna." *Antiquity* 87, no. 335: 64–78.

King, Helen. 2005. *Greek and Roman Medicine.* Bristol, UK: Bristol Classical Press.

Knudsen, Christian D. 2012. "Naughty Nuns and Promiscuous Monks: Monastic Sexual Misconduct in Late Medieval England." PhD diss., University of Toronto.

Kripke, D. F, et al. 2002. "Mortality Associated with Sleep Duration and Insomnia." *Arch Gen Psychiatry* 59, no. 2: 131–36.

Lattimore, Owen. 1941. *Mongol Journeys.* London: Jonathan Cape.

Lee, Jen-der, 1996. "Childbirth in Early Imperial China." *Bulletin of the Institute of History and Philology, Academia Sinica 67*, no. 3: 533–642. Translated by Sabine Wilms, 2005. Available online at www.brill.nl.

Le Goff, Jacques. 2009. *Saint Louis.* Notre Dame, IN: University of Notre Dame Press.

Lehner, Mark, and Zahi Hawass. 2017. *Giza and the Pyramids.* London: Thames and Hudson.

Leidloff, Jean. 1975. *The Continuum Concept: In Search of Happiness Lost.* New York: Da Capo Press.

Leyendecker, Liston Edgington. 1992. *Palace Car Prince: A Biography of George Mortimer Pullman.* Boulder: University Press of Colorado.

Licence, Amy. 2012. *In Bed with the Tudors.* Stroud, UK: Amberley.

Lorenzi, Rossella. 2017. "Fit for a King: Tut's Camping Bed Was an Ancient Marvel." *Live Science*, August 1, 2017. Livescience.com.

Malinowski, Bronislaw. 1929. *The Sexual Life of Savages in North-western Melanesia, British New Guinea.* London: Eugenics.

Malone, C., and S. Stoddart. 2016. "Figurines of Malta." In *The Oxford Handbook of Prehistoric Figurines*, ed. T. Insoll, 729–53. Oxford: Oxford University Press.

Malone, C. A. T. 2008. "Metaphor and Maltese Art: Explorations in the Temple Period." *Journal of Mediterranean Archaeology* 21, no. 1: 81–108.

Marshall, Edward, February 6, 1927. "Edison at 80 views a world he changed." *New York Times* archives.

Mauriceau, Francis. 1668. *The Diseases of Women with Child, and in Child-Bed.* Translated by Hugh Chamberlen. London: T. Cox.

McGinn, Thomas A. J. 2004. *The Economy of Prostitution in the Roman World.* Ann Arbor: University of Michigan Press.

Meigs, Charles. 1854. *On the Nature, Signs and Treatment of Childbed Fevers.* Philadelphia: Blanchard and Lea.

Melville, Herman. 2012 (1851). *Moby-Dick.* New York: Dover. Publications.

Miller, Warren Hastings. 1915. *Camp Craft.* Reprint. Kolkata: Ananda Quinn.

Mitford, Nancy, and Philip Mansel. 2012. *The Sun King.* New York: NYRB Classics.

Nadel, Dani. 2004. "Continuity and Change: The Ohalo II and the Natufian Dwelling Structures (Jordan Valley, Israel)." In *The Last Hunter-Gatherers in the Near East*, ed. C. Delage, 75–84. Oxford: BAR International Series.

Naughan, Elizabeth P. 2013. *Couched in Death.* Madison: University of Wisconsin Press.

Nava, Alessia, et al. 2017. "Virtual Histological Assessment of the Prenatal Life History and Age at Death of the Upper Paleolithic Fetus from Ostuni (Italy)." Nature.com Scientific Reports, 7, Article number: 9527.

Needham, Joseph, and Ho Ping-Yü. (1959). "Elixir Poisoning in Medieval China." *Janus* 48: 221–51. Reprinted in *Clerks and Craftsmen in China and the West: Lectures and Addresses on the History of Science and Technology*, 316–39. Cambridge: Cambridge University Press, 1970.

Nunn, John Francis. 2002. *Ancient Egyptian Medicine.* Norman: University of Oklahoma Press.

Olsen, Donald J. 1976. *The Growth of Victorian London.* New York: Penguin.

Ormiston, Rosalind, and Nicholas W. Wells. 2010. *William Morris: Artist, Craftsman, Pioneer.* Rev. ed. London: Flame Tree.

Panton, Jane Ellen. 1888. *From Kitchen to Garrett: Hints for Young Householders.* London: Ward and Downey.

Parker Pearson, Mike. 2012. *Stonehenge: Exploring the Greatest Stone Age Mystery.* London: Simon and Schuster.

Patterson, Anthony. 2013. *Mrs Grundy's Enemies: Censorship, Realist Fiction and the Politics of Sexual Representation.* Bern, Switzerland: Peter Lang.

Pawlik, Kurt, and Mark R. Rosenzweig, eds. 2000. *The International Handbook of*

Psychology. London: SAGE.

Pepys, Samuel, and Mynors Bright. 1970. *The Diary of Samuel Pepys: A New and Complete Transcription.* Berkeley: University of California Press.

Phiston, William. 1609. *The Schoole of Good Manners, or A New Schoole of Vertue.* London: W. White for William Inoes.

Plato. *Phaedo.* Translated by Benjamin Jowett, 1892. Reissued by CreateSPace Independent Publishing Platform, 2017.

Pliny the Elder. 2013 (AD 77). *Pliny's Natural History: In Thirty-Seven Books,* ed. Philemon Holland. Seattle: Amazon Digital Services.

Reeves, Nicholas. 1990. *The Complete Tutankhamun.* London: Thames and Hudson.

Reisner, George. 1923. *Excavations at Kerma.* Cambridge: Peabody Museum, Harvard University).

Reiss, Benjamin. 2017. *Wild Nights: How Taming Sleep Created Our Restless World.* New York: Basic Books.

Richards, Colin, ed. 2005. *Dwelling among the Monuments.* Cambridge: MacDonald Institute. Richards, Colin, and Richard Jones, eds. 2016. *The Development of Neolithic House Societies in Orkney.* Oxford: Oxbow Books.

Richardson, A. E., and H. Donaldson Eberlein. 1925. *The English Inn Past and Present.* London: Batsford.

Richardson, Glen. 2014. *The Field of the Cloth of Gold.* New Haven: Yale University Press.

Saint-Simon de Rouvroy, Louis. 1910. *Memoirs of Louis XIV and His Court and of the Regency.* New York: C. F. Collier.

Samson, Donald R. 2012. "The Chimpanzee Nest Quantified: Morphology and Ecology of Arboreal Sleeping Platforms within the Dry Habitat Site of ToroSemiliki Wildlife Reserve, Uganda." *Primates* 53: 357–64.

Shafer, Harry J., and Vaughn M. Bryant Jr. 1977. *Archaeological and Botanical Studies at Hinds Cave, Val Verde County, Texas.* College Station: Texas A&M University, Anthropological Laboratory, Special Series 1.

Siculus, Diodorus. 2014. *Historical Library.* Translated by Giles Lauren. Seattle: Amazon Digital Services.

Skoggard, Carl A. 2000. "Asleep with Painted Ladies." *Nest* 10: 100–105.

Soranus of Ephesus. 1991. *Soranus' Gynecology.* Translated by Owsei Temkin. Baltimore: Johns Hopkins University Press.

Speert, Harold. 2004. *Obstetrics and Gynecology: A History and Iconography.* 3rd ed. Boca Raton, FL: CRC Press.

Startzman, Ethan. 2014. "A Brief History of Sleeping Bags." ezinearticles.com, January 21, 2014.

Szpakowska, Kasla, and John Baines. 2006. *Through a Glass Darkly: Magic, Dreams, and Prophecy in Ancient Egypt.* Swansea, UK: Classical Press of Wales.

Tahhan, Diana Adis. 2013. "Sensuous Connections in Sleep: Feelings of Security and Interdependency in Japanese Sleep Rituals." In *Sleep around the World: Anthropological Perspectives,* ed. Katie Glaskin and Richard Chenhall, 61–78. New York: Palgrave Macmillan.

Tannahill, Reay. 1980. *Sex in History.* New York: Stein and Day.

Tetley, Michael. 2000. "Instinctive Sleeping and Resting Postures: An Anthropological and Zoological Approach to Treatment of Lower Back and Joint Pain." *British Medical Journal* 321: 1616.

Thesiger, Wilfred, and John Lee Anderson. 2008. *The March Arabs.* Reprint. Baltimore: Penguin Classics.

Thoemmes, Megan S., et al. 2018. "Ecology of Sleeping: The Microbial and Arthropod Associates of Chimpanzee Beds." *Royal Society Open Science* 5, no. 5: 180382 DOI: 10.1098/rsos.180382.

Tomalin, Claire. 2007. *Samuel Pepys: The Unequalled Self.* New York: Vintage.

Tosh, John. 1999. A Man's Place: Masculinity and the Middle-Class Home in Victorian England. New Haven: Yale University Press.

Van Gulik, Robert H. 1994. *Sexual Life in Ancient China: A Preliminary Survey of Chinese Sex and Society from ca. B.C. till A.D.* Leiden: Brill.

Van Meilj, Toon. 2013. "Maori Collective Sleeping as Cultural Resistance." In *Sleep around the World: Anthropological Perspectives,* ed. Katie Glaskin and Richard Chenhall, 133–50. New York: Palgrave Macmillan.

Vaughan, William. 1609. *Approved Directions for Health, Both Natural and Artificiall.*

London: T. Snodham for Roger Jackson.

Wadley, Lyn, et al. 2011. "Middle Stone Age Bedding Construction and Settlement Patterns at Sibudu, South Africa." *Science* 334: 6061.

Walker, Matthew. 2017. *Why We Sleep.* New York: Simon and Schuster.

Warren, Samuel D., and Louis D. Brandeis. 1890. "The Right to Privacy." *Harvard Law Review* 4, no. 5: 193–220.

Wehr, Thomas. 1992. "In Short Photoperiods, Human Sleep Is Biphasic." *Journal of Sleep Research* 1, no. 2: 103–7.

Whitelock, Anna. 2013. *Elizabeth's Bed: An Intimate History of Elizabeth's Court.* New York: Picador.

Whiting, John, and Eleanor Hollenberg Chasdi, eds. 2006. *Culture and Human Development: The Selected Papers of John Whiting.* Cambridge: Cambridge University Press.

Wilkinson, Richard. 2017. *Louis XIV.* Abingdon, UK: Routledge.

Worsley, Lucy. 2012. *If Walls Could Talk: An Intimate History of the Home.* New York: Bloomsbury.

Wright, Lawrence. 2004. *Warm and Snug: The History of the Bed.* Stroud, UK: Sutton Books.

Xenophon. 1979. *Xenophon in Seven Volumes.* Vol. 4. Cambridge: Harvard University Press.

Yetish, Gandhi, et al. 2015. "Natural Sleep and Its Seasonal Variations in Three Pre-industrial Societies." *Current Biology* 25, no. 21: 2862–68.

致　谢

即使在最疯狂的梦想中，我们也从来没有想象过，作为考古学家，我们会写一本关于床的书——这可是我们会在上面度过人生的三分之一的家具！事实上，一旦我们开始动笔，这本书就从对文物的研究，扩展为一部关于"人类在床上做过的一切"的完整历史。

写作过程坎坎坷坷，最终造就一本充满挑战却富有魅力的书。这本书的"播种"源于一次演讲：布莱恩被要求在正处于合并过程中的"舒达"（Serta）和席梦思床垫公司的高层管理小型会议上发表一段关于床的演讲。演讲过后，耶鲁大学的编辑比尔·弗鲁赫特劝说他写一本关于这个话题的书，因此布莱恩·费根博士邀请了朋友兼创作伙伴纳迪亚·杜兰尼，我们二人由此成为共同作者。

对此，我们极为感谢。布莱恩非常感谢蒙特利尔的莫比里斯策略顾问公司（Mobilis Strategic Advisors Inc.）的克里斯·库珀（Chris Cooper）和玛丽·拉森（Mary Larson），最初是他们把他带进"舒达"和席梦思合并项目的顾问团队，为他提供了这次机会，并向他提出了建议。耶鲁大学出版社（Yale University Press）的比尔·弗鲁赫特和提出了许多宝贵建议的雪莉·洛温科夫（Shelly Lowenkopf）一直给予我们鼓励。而在最后阶段，我们与文字编辑劳伦斯·肯尼（Lawrence Kenney）的合作充满快乐。我们十分感激许多提出了意见、想法和建议的朋友和同事，因为他们人数众多，我们无法在此一一表达感谢。请接受我们对你们所有人的谢意！我们要特别感谢艾丹·多德森（Aidan Dodson）、约翰·赫伯特（John Herbert）、马修·希利尔（Matthew Hillier）、卡罗琳·马龙（Caroline Malone）、乔治·迈克尔斯（George Michaels）、奥特·佩恩（Ortrun Peyn）、萨米娜·里亚兹（Samina Riaz）、弗农·斯卡伯勒（Vernon Scarborough）和凯瑟琳·夏普（Kathleen Sharp）。

最后，衷心感谢我们的家人，很抱歉在创作这本书的漫长过程中对他们疏于陪伴。没有他们，本书就无法完成。感谢所有人，还有我家的猫——阿提库斯·凯提库斯·凯塔摩尔·慕斯。

图片归属

目录前, My Bed, Tracey Emin. Tate Modern, London, 1999. Paul Quayle/Alamy Stock Photo.

p. 16, A house at Skara Brae, Orkney Islands, Scotland, with putative stone bed enclosures to right and left. Vincenzo Iacovoni/Alamy Stock Photo.

p. 20, The so-called sleeping woman of Hal saflieni, Malta, c. 3000 BC. Heritage Image Partnership Ltd/Alamy Stock Photo.

p. 24, Tutankhamun's funerary beds in the antechamber of his tomb, 1922. Jan Walters/Alamy Stock Photo.

p. 75, A woman giving birth in the eighteenth century. Chronicle/Alamy Stock Photo.

p. 93, A Christian deathbed in full flow. The demise of Reverend John Wesley. A lithograph from c. 1840. Archive Images/Alamy Stock Photo.

p. 104, The Great Bed of Ware, exhibited in the Victoria and Albert Museum, London. Artokoloro Quint Lox Limited/Alamy Stock Photo.

p. 113, Girls in Bed Room. Two Japanese girls sleeping on a mat, a photograph by Kusakabe Kimbei. Chronicle/Alamy Stock Photo.

p. 125, Tutankhamun's three-part camp bed. © Griffith Institute, University of Oxford.

p. 128, An old man in Rajastan, India, relaxes on a coir-fiber charpoy, a portable bed with legs and a woven sleeping platform. Dinodia Photos/Alamy Stock Photo.

p. 128, Modern-day museum exhibit of Napoleon's camp bed and bedroom/study at his headquarters on the eve of the Battle of Waterloo, 1815. Arterra Picture Library/Alamy Stock Photo.

p. 153, King Louis XIV's bed at Versailles. Norimages/Alamy Stock Photo.

p. 174, An 1886 advertisement for Maple of London's bedroom furniture, including a white bedroom suite and "iron and brass four-post bedsteads." Chronicle/ Alamy Stock Photo.

p. 182, John Lennon and Yoko Ono on their peace bed during their honeymoon. Keystone Pictures USA/Alamy Stock Photo.

p. 183, A Murphy bed in use in an apartment in New York City. Patti McConville/ Alamy Stock Photo.